U0942738

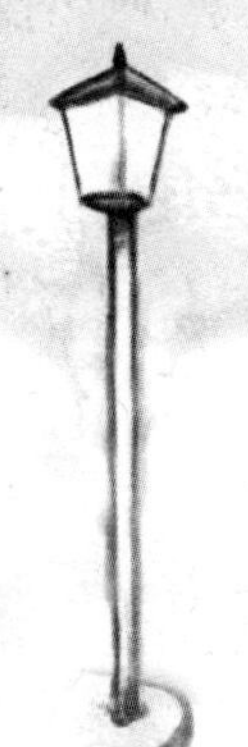

在人生拐角处

知名生涯导师Answer职场难题与人生困惑

赵昂 | 著

九州出版社
JIUZHOUPRESS

图书在版编目（CIP）数据

在人生拐角处 / 赵昂著 . —北京：九州出版社，2015.11

ISBN 978-7-5108-4077-7

Ⅰ. ①在… Ⅱ. ①赵… Ⅲ. ①职业选择—通俗读物 Ⅳ. ① C913.2-49

中国版本图书馆 CIP 数据核字（2015）第 280270 号

在人生拐角处

作　　者　赵昂 著
出版发行　九州出版社
出 版 人　黄宪华
地　　址　北京市西城区阜外大街甲 35 号（100037）
网　　址　www.jiuzhoupress.com
电子信箱　jiuzhou@jiuzhoupress.com
印　　刷　北京京都六环印刷厂
开　　本　700 毫米 ×1000 毫米　16 开
印　　张　16.5
字　　数　188 千字
版　　次　2015 年 12 月第 1 版
印　　次　2015 年 12 月第 1 次印刷
书　　号　ISBN 978-7-5108-4077-7
定　　价　39.90 元

CONTENTS
目录

第二章
那些你不小心会踩到的坑——成功跨越

第三章
向左走，向右走——选择有时比努力重要

第四章
十字路口——找到人生方向感

第五章
奔跑在路上——用正确的姿势冲刺

推荐序

在人生拐角处

我人生遇到最惊艳的一个转角，在旧金山街头。

应该是下午6点多吧，街上灯都还没亮。我们沿着一条街走，看到几步前有一个街口流出来金黄色的光，好像打翻了的蜂蜜流在地上。

抢几步一转头，你就突然看到了街道终点的海上的日落。太阳把海水照得金黄，两边高楼的剪影就好像画框，也像是镶嵌在天边的一幅竖版的壁画。

你停下脚步站定，这天上一试管的阳光就动起来，像灾难片中的海啸一样，劈头盖脸地淹没你。在眼睛逐渐适应光亮的几秒钟之后，你看到这一管大海的闪亮金光中，顶上橙红的是半圆是夕阳、闪亮的海水中有船只穿行、底下的黑影是人群车辆来往。

我深深地被震撼了。哇，好美！

印度《奥义书》里说，世界的第一个字是“唵”，这个字无好无坏，没有过去与未来。其实这并不玄妙，这个“唵”就像看到这种景观内心发出的“哇，好美”的“哇”一样。

就是那种超越语言的感动。

我们转个弯，向大海走去。

转角之所以惊艳，因为顺着原来的道路，你看不到拐角处的风光，无法想象景色之壮丽。而转角之所以让你迷茫，是因为原来的路上清晰明确，人群熙熙攘攘推着你前行，而转角如白驹过隙，其他的同行者对那个转角无知无觉，回头来了对你说，走啊！

只有你看到了这个街口，而你也只有一个瞬间，能够决定：

要不要停下来？

要不要转过去？

怎么对别人解释？

前面真的那么好吗？

会不会有危险？

……

神秘又迷茫，这就是转角的有趣之处。

这样说来，生命中的转角，实在比自然中的转角震撼和瑰丽太多。

我在出国读建筑之路上窥见新东方老师，在GRE教学之路又窥见生涯，在生涯助人之路上又开始创业做新精英……这十多年，一路转弯，就像在鼓浪屿小岛上的古老巷子里面来回穿行、兜转，最后逐渐在脑子里面摸熟地形。这些转弯让我逐渐窥见整个商业、人性、科技、趋势编织的世界。

回头看当年原本要走的那条路，不是不好，就是太直、太楞，没意思。而我却是那种旅游也不走大路爱钻小道的人。人生之所以好玩，就在兜兜转转，不断打开新的世界。

所以，我本想写——人生转弯，除去当年站在路口的迷茫与惊艳，是人生最有趣之事，但我最后改成：

人生转弯，一次次站在新路口的迷茫与惊艳，就是人生最有趣之事。

而生涯咨询师就是那个站在路边的人。

生涯咨询师让你慌乱的心安静下来，带你看清楚转角的路、墙。帮你看清楚哪些是诱惑，哪些是人生不可错过之风景，陪你分析，助你决策……最后，如果你决定了，他鼓励你向前走，并和你一起计划新的前进方向。这是一个以生命影响生命，需要广阔的知识和经验，耗费心力却无比快乐的工作。

《在人生拐角处》这本书讲的就是关于三十二个人生的转角的人与咨询师的故事。为什么赵昂要记录这些故事？除了能够看到很多有趣之事，学习到很多实用的技巧，了解这个新兴行业以外，我想最重要的理由恐怕是与做咨询的人的一个常识有关——很多人带着自己的困惑来，他们确信自己的困惑是世界上独一无二——而从咨询师看来，大部分人的困惑其实非常类似，他们都在差不多的时间，面临差不多的困惑，最后在生涯咨询师的帮助下，以差不多的方式走出来。

所以这些转角，也许也是你人生必经之角落。读完这些故事，你发现有一些你已经走过，看着会心一笑，而有一些你还没有到达，正好趁机提前做好准备。

最后想说说转角处的人。

我第一次是在黄埔一期培训师特训营见到赵昂，那时他已经走过很多的人生转角，从大学老师到英语教师到大报编辑到拓展培训师……在之前我们也有过邮件、博客上的来往，算是认识。

在黄埔结班的那天晚上，我画了一棵大树的海报，对大家讲：

“我不希望成为大家的老师、导师，我持续教大家东西，你们一直追随我，这并不是我的本意。生涯应该是一棵树，而在未来每一个领域、培训、咨询、企业、中学……都会有新分叉，有更高更细分的枝头。我希望你们每一个人都有自己的站位，有自己的优势，骄傲地站在自己的枝头。”课后，我们一起给大树每一片树叶涂上不同的颜色。

下课以后很多人说，古典你讲得真好，希望你带领我们一起走。多联系！

只有赵昂过来找我，他想要这个海报，“因为……”他指着最高一个枝头的叶子说：“我就是这片叶子。”

你看，他不说我要做这片叶子，他也不说我能成为这片叶子，他说：“我就是这片叶子。”

两周后，他加入了新精英，开始成为生涯咨询师的修炼。

这条路不好走。他研究50多个行业，画每一个行业的路线图；他成为咨询部的负责人，从头设计咨询师的成长、晋级体系，设计和反复打磨每一步流程和表格；接两千小时的咨询，一个个死磕自己听不懂的每一个名词和职业；成为一名成熟的咨询师，然后开始授课、开始督导……

他现在就是这片叶子。

回想起来，那时那晚那群人都在生涯咨询导师班的大路上一起前行，只有一部分人对这句话，这个路口留了神。

但是2011年的赵昂却在这个路口停了下来，这条小路有东西吸引他，他心里伸出钩子钩住这个方向，他凝神看，目光穿透未来看到终局，于是他转过头来坚定地说："我就是这片叶子。"

那一天，两个人在这个转角相遇，互相看到对方心里的光。点点头，一起向前走。

这就是关于转角的两个人的故事。

希望你会喜欢接下来的三十二个故事。

新精英创始人　生涯咨询师　古典

八

自序

人生的每个拐角都是一份礼物

这是一本故事书。书里有三十二个故事，有意义，而且有趣。

有意义是因为这本书里一定有你的影子，曾经的你，现在的你，或是未来的你。而且，这样的影子会对你有所启发。之所以有这样的信心，是我的一些专栏读者告诉我的，他们总会发邮件向我表达共鸣：你的文章写的就是我！

我文章中的人物当然不会是这些读者，因为我和他们素未谋面。作为一名生涯咨询师，我的职业要求我必须对客户的个人信息保密，这故事里的人物，不仅不是读者，也不会是任何一个现实世界中我见过的来询者的原本呈现。所以，不管你读得有多么惊心动魄，也千万不要对号入座。如有雷同，纯属巧合。然而，我希望你关注的不是人物的命运，而是故事所呈现出的问题实质，这也是我说的本书的意义。

动手写每一篇故事的时候，我根本记不起来是哪个前来咨询的人，也记不起来说了些什么，却仿佛又进入了和生涯迷茫纠结者的咨询对话中，活生生的：有的表面微笑，内藏鄙视；有的表面愤怒，内在恐惧；

有的控制不住掩面而泣；有的喜不自胜光彩四射。我洞悉了这一切，化解了这一切，眼瞅着迷茫纠结烟消云散。咨询室就像是一个熔炉，一个个咨询下来，来询者满意而去，我淬炼了智慧留下来。

这些智慧凝聚成了这本书。

我是生涯咨询师。曾经，我也是一个十分迷茫的人。进入职场的前十年，我进行了种种与众不同的自我探索、努力和尝试，跨职业、跨领域、跨行业、换城市，从新人做到中坚，然后再重新开始。我只有一个信念：我要找到自己，就要为自己的迷茫埋单。后来，这十年里的所有经历成为我的财富，让我无比坚定地走在“做自己”的路上。

一不留神，我做生涯咨询就要进入第六个年头了，有几千人次进进出出我的咨询室。这些人里，有职场小白，也有职场老鸟；有基层管理者，也有高层管理者；有悠闲的退休全职主妇，也有管了几家企业忙得不可开交的企业主；有光鲜亮丽、出入高档写字楼的白领精英，也有处于社会底层的超市搬运工、澡堂搓澡工、饭店服务员、厨师。虽然性别、年龄、职业、地域不尽相同，然而有一点是一样的：他们拥有智慧，希望探索自我，因而生了烦恼；他们拥有勇气，不断尝试，因而在人生拐角处找到了我。

对于每一位找我咨询的人，我都怀着尊敬，带着好奇，运用智慧，希望和他们一起看到那条最适合各自发展的路径，找到那种最能够让自己从容安心的可能。这样的路径和可能，为了响应内心的召唤，为了找到使命，为了释放天赋。人生的每个拐角都是一份礼物。

多年的咨询经验让我已经熟稔这些情况：

不喜欢自己的专业，不愿听从父母的安排，左突右冲，企图逃脱藩篱；初入职场，种种不适应，能力得不到施展，人际关系又现危机；一直希望发现天赋，寻找属于自己的天命；工作了十多年，难上难下，遭遇“瓶颈”；转来转去，总也转不到自己满意的职业上去；职业倦怠，工作无趣，闲着无聊，被空洞吞噬；女性进入生育期，兼顾家庭，平衡职业发展……

每一次，人生都像是走到了拐角处，犹豫不决，举步维艰，我深知这些痛苦。咨询是我的工作，有时，我很犀利，一针见血，直指人心；有时，我又很温和，和风细雨，支持陪伴。我要做的就是帮助每一位前来咨询的人叩问内心，梳理纠结，挣脱束缚。然后，让人生更有效率，有更多的时间做自己。

只是，排队前来咨询的人越多，我就越发感觉到无力：我的时间精力是那么有限。于是，我写专栏，进而写出这本书，希望更多的人能看到它，从中有所启发，哪怕领悟一点点对自己有价值的东西，便会少一些人生路上无谓的纠结，多一份前行的力量和智慧。

这是我写这本书的初心。

于是，我用了一年时间把经年积累的智慧倾囊而出。我为这本书写出的文字远比现在所呈现出来的要多很多，此前经过了很多次删、减、改，一遍，又一遍……我希望这本书能陪伴你大步走在通往召唤自己内心的路上。

有一位八十多岁的老人，他是我曾经的邻居，也是我的生涯启蒙者。在我幼时，他就带给我很多对于这个多彩世界的善良认知。多年以后，我才知道，他不仅对我很好，对家人、对学生、对自己退休之后资助了十几年的一百二十多个农村孩子，也都很好。就在今年，他还告诉我，你做的事情很有意义，人生中总会遇到一些自己难以过去的坎，遇到这些坎的人是多么需要有人点拨和帮助啊！

他的鼓励给了我更多力量，我仿佛看到这本书像是一簇火苗，扑扑地燃烧着，温暖了读者的心，点亮了他们眼前的路。这位老人是杜献文，他就是我人生中的明灯，这本书献给他。

感谢我的母亲和太太，这两位我人生中最重要的女人，在不同阶段给了我最大的支持，我能有今天的幸福，离不开她们。

感谢古典先生。他是我进入这行的引路人，多年来，我们亦师亦友，他的很多创意都启发了我。

感谢我的每一位来询者。他们的信任，让我的每一次咨询都不曾虚度。

感谢我自己，我一直珍视人生的每一个拐角。

感恩我和你的相遇。

赵昂

2015年10月

第一章
Chapter 在人生拐角处——弯道超车

- 不要抱着金碗讨饭吃
- 绕过完美的陷阱
- 驾驭能力马车
- 先做“无冕之王”
- 每一个职场妈妈都是生活艺术家
- 扯下自卑的遮羞布

不要抱着金碗讨饭吃

从生涯角度来看，格局有两种：

一种是宽度的格局，比如对于行业的认知，对于趋势的把握，这样的格局智慧需要浸淫在一个领域很久的职场高手才能做到。所以，和牛人交往，就是要获得这样的智慧，来指导自己的职业发展；另**一种格局，是长度的格局，是以人生为纵轴，看到在不同生涯阶段的重点是什么。**

社会在变，但是发展的轨迹却又有迹可循。对于生涯咨询师来说，见证了太多生涯迷茫，得到的都是智慧。

一个工程师的十年之痒

宋哲平是一个善思谨慎的人，他对自己的评价是：想得太多，行动太少。他在一家通信企业从工程师做到了项目经理，做了8年，加上之前的两份工作经历，他在这一行也有12年的职业经验了。12年，结婚生子；12年，一个个项目立项结项；12年，怎么也做烦了。

宋先生说，去年公司业务调整，自己正在做的一个重点项目突然被砍掉，然后进入了长时间的修整期。虽然每天发着足额的薪水，但是没什么具体工作，除了培训，就是开会。闲下来的日子，他想了很多，想到了自己未来的发展，想到了自己的竞争力，想到了公司内部的各种变化，想到了新来的员工，想到了最近的培训状态。忽然，他问了自己一个惊出冷汗的问题：

除了项目经理，我还能做什么？！

是啊，除了技术，还能做什么呢？没有人脉资源，不能做销售；市场什么的就更不懂了；做管理似乎需要机会才能上位；就赖以生存的技术本身，也有很大的危机：新人越来越多，也越来越能干，自己慢慢就变成了一个老项目经理了。如果有一天，自己就像之前做的那个项目一样，忽然被砍掉了怎么办？

背上的阵阵冷风吹动宋哲平来做咨询了，虽然早就了解了职业咨询，但一直到最近他才忽然觉得，自己没辙了，求助“专家”试试看吧：

我要做咨询！

我想，这恐怕不只是一家企业中一个职场人发展的困惑，也不是一个行业、一个职业的典型情况。进入职场后埋头苦干，一直做得都挺好的，有一天忽然发现，自己快要被淘汰了！就像是一次长跑，自己跑得大汗淋漓的，本来一直领先，忽然发现自己落后了，开始还弄不清楚什么原因，抬头一看，周围已经换了一波人，又都是刚进入跑道的年轻小伙子。拼命都不行了，这可如何是好？

于是，我问了一个平常的问题：你周围的人都做什么去了？

宋哲平告诉我，项目经理做久了不外乎两种可能：

一种就是晋升，从管理一个项目到管理一条产品线，然后慢慢进入管理层，但是这种可能性的影响因素特别复杂，见仁见智，有人看到的是能力、资源、人脉，有人看到的就是拍马溜须、投机钻营。宋先生说，他做不了。

另一种就是跳槽，去别的公司做项目经理，然后看看有什么新的机会。但是行业大势如此，跳槽就像是转会，等待碰上好老板，碰上好机遇，可遇不可求，宋先生之前的同事也似乎没有什么特别惊艳的发展。

这就是宋哲平的困惑了：难道我只能做项目经理吗？

用新格局整合优势

是的，用相同的方式得出不同的结果，这个有点难。就像是一个农民年年种水稻，忽然有一年在收割的时候想，如果收上来的是麦子该多好。

生涯的格局要考虑不同生涯阶段的重点。**在职业发展的前期，拼的是一些执行、操作和具体任务的达成实现能力**，说白了，谁能漂亮地完成既定任务，实现目标，谁就能胜出。胜出干吗？继续完成新的任务，**慢慢地，把自己变成兵神，无往而不利**。

如果没有规划，就等着机会出现了，有新的职位，新的发展，如果自己还能抓住机会，有能力胜任的话，就会有发展，接着进入下一个阶段。但是，这样凑巧的事发生概率比较小。最靠谱的，还是做好规划：提前盘点自己的优势，需要升级的能力，若准备好了，机会一定会出现，不是这里，就是那里。**这也是规划的价值：以顺应规律的主动变化，来迎接变化**。

我告诉宋哲平：要规划着进入下一个生涯阶段了。

这是一个什么阶段？**发展期的阶段，把自己的生涯空间进一步拉升**

的阶段。在这一阶段，职业发展要进入新的层次，不再拼体力，不再拼执行力，而是开始拼才干、拼人品、拼资源、拼境界，不管是职位的高度，还是专业的精深度。在这一阶段，要靠视野看到发展空间，要靠智慧领悟趋势，要靠胸怀获得格局。很多人抱怨职业瓶颈，职场天花板，这其实都是对外界的无奈表达，其实，瓶颈都在自己这里。

我开始和宋先生一起分析他过往的职业成就，我们发现他不仅具备极好的专业能力，更重要的是，他在项目出现危机的时候特别勇于担当，而且一直以真诚来实现和客户的顺利沟通。他还特别体恤下属，他的团队是公司效率最高、内部凝聚力最强的，很多员工都希望能进入他的团队。

带领团队的能力，宋哲平是清楚的，但是真诚和勇于担当呢？虽然最后把事情做成了，但别人却把自己当成了“冤大头”，总把最困难的任务交给自己，时间久了，连团队成员都有怨言了。

我告诉他两点：

1. 之前，是你的优势帮助了你，但是从未形成你的核心优势。在下一个阶段，这些优势就不仅是帮助的作用了，一定要让它显性化，让同事、同行都知道你的这个标签，并要有意识地使用这些优势。

如何使用呢？

2. 给优势找到用武之地。综合企业文化、职位特征、行业特点这三个因素，找到可以将你的优势兑换出价值的可能性。比如朝阳行业的创业型团队的带领者。**垃圾，只是放错了地方的宝藏，不仅是人放错了岗位，还有优势没有得到恰当的发挥。**

“这么说，我就需要打开思路，换一个新的职业了？”宋哲平既充满期望，又心怀疑虑。

对自己做一次全面升级

没那么简单。

我对宋哲平说："准确地说，你现在进入了一个选择窗口期，在这个阶段你可以选择提升自己，进入新的生涯阶段，也可以静观其变，等待外界的变化。方式很不确定，结果却只有两个：要么进入新的瓶颈期，要么进入新的发展期。"

"那么，我该如何提升自己呢？"宋先生迫不及待地问，"我们公司平时也有很多的培训和学习，有些会去参加，但是更多时候我提不起来兴趣，是不是我太懒了？"

提升自己，为进入新的生涯阶段做准备，这是一个系统的梳理，绝不仅仅只是参加一些学习就可以的。学习很简单，甚至是简单得不值得去做，需要做的是花更多的时间进行自我探索，进行内部升级。

以下是遇到职业发展瓶颈时，自我升级的系统方案：

1. 资源：寻找和认可优势。优势要集中，易辨识，不仅是给别人看，也要自己能够看到。看不到的优势，自然无法使用，不要抱着金碗讨饭吃。优势不仅仅是某种具体的能力，而且是在做各项工作时所能反复体现出来的一种特点。

寻找和认可自己的优势有两种方法：一种是和别人聊，看看别人眼里的自己有什么优势；另一种是和牛人聊他们的成功经历，除了机遇，他们是如何克服困难的，如何处理纠结的，和你有什么相似的地方。在他们的故事里，你会发现自己原来也有类似的能量。这样的信念，会支撑自己在未来工作的时候更加坚定。

2. 运用：将优势发挥出来。把自己的优势列出来，同时把自己能接触到的工作列出来，然后问问自己，做什么事情会让别人认可你的优势？将优势和工作连线，并描述具体可以实现的可能，这就是第一波机会。就像创业者一样，最近的机会抓住了，更多的机会自然就会出现。

3. 价值：升级你的能力。注意，是升级，而不是提升。**提升更多的是在原有水平上有所提高，而升级则是发生质的变化**，能力的类型就开始不同了。当开始出现更多机会的时候，挑战也会出现。此时出现的挑战往往会突破之前的积累，这是一个信号，一个需要升级能力的信号。在实践中摸索，求助牛人，参加培训，刻意练习。不知不觉中，职业发展跟随着能力的升级就实现了。瓶颈，自然突破了。

当然，以上这些方式一定要和你的目标结合起来，拥抱可能性，扩展视野，开放地进行探索，这是你进入新的生涯阶段的必经之路。**应对变化，才是真正的规划**。

瓶颈会让一个人像被绳索束缚了一般，空有力气，而无用武之地。但真实的情况往往是，自己走进了死胡同，在以头撞墙。瓶颈是有，但或许那本就不是你要走的路，到更加开阔的平台上，去施展自己的天赋吧！

职业瓶颈往往是对于外界无奈的一种表达，
或许那本不是你要走的路。
到更广阔的平台，
施展自己的天赋吧！

转弯看见

职业发展瓶颈的产生看似和环境有关，实则产生于每个人自身。如果希望职业能够持续发展，就必须找到发展的持续推动力：优势。优势不是固定不变的，它显现于职业实践，形成于刻意总结，发展于不断升级。有了优势的推动，外部的瓶颈自然可以打破。

绕过完美的陷阱

所谓陷阱，就是看上去没什么危险性，但是很容易害人掉进去的圈套。

做咨询的时候，经常听有人说自己是完美主义者，因为追求完美而一直纠结，因为追求完美而拖延，因为追求完美而耽误发展时机。听得多了，我就开始思考了：完美，这究竟是怎样一种陷阱？竟然会在职业发展期反复出现，而且——害人不浅。

完美是一种妄想

张平就是个典型的例子，把几乎所有对于完美的追求集于一身。她是一位30出头的女士，做快消品行业的猎头，来找我做咨询是因为出现了一个令她纠结的选择：一个朋友想拉她一起创业，做教育培训行业。她问我：要不要去？

我问她：你都考虑过哪些因素呢？

张平说自己其实是蛮喜欢教育培训行业的，而且一直也在关注，但是关注了一段时间后，还是没有看懂发展前景。自己目前的工作还算稳定，家庭经济条件也不错，出去创业并没有什么可担心的风险和损失。

唯一的缺憾是：创业本来令人兴奋，但这个机会看上去却不是那么完美，风险与机遇并存，自己进入之后真能如想象的那般成功吗？万一失败了，怎么办？

要不要创业的问题，转化成了对创业风险评估的问题。

“现在的把握有多大？”我问了一个她一定想过的问题。

“六成？七成？我还不好说。”张平显得有点没底气。

我问张平：“创业把握是多大的时候，你就能够欣然接受，毅然决断了？”

“这个，”张平迟疑了，“还真的没有想过。”

犹豫了一会儿，张平说：“怎么也得达到八成把握了，我才敢创业吧。”

创业有风险，这也是其魅力所在。**每个人都有其风险承受度，评估下，能为风险埋单则入，不能承担就干脆断了创业的念想。这个风险承受度与资源相关，与经验相关，还与胆识和魄力相关。**

然而，**明知有风险，却对结果依然有着绝对完美的期待，就会对选择犹豫不决，告诉自己，不够完美。这样的期待不是真的期待，而只是一种妄想，超出目前资源能及的妄想，超出客观事实可确定的妄想。这样的妄想往往是一种逃避，由恐惧生出来的逃避，然后逃到完美那里，把自己掩藏起来。**

既然对风险有恐惧，为什么还想创业呢？

我想知道，在逃避什么？

成长的不完美

我问张平:“听上去你的职业、生活状态似乎不错，为什么还要创业呢？”

张平就开始了抱怨:现在的工作让她感觉太没意义了，都是非常烦琐的内容，做的时间久了，缺乏挑战性。希望通过创业这种有挑战的事情来克服自己的缺点，追求更多成长，更大格局，从而实现完美。

为了自己的完美，去追求一种实现完美的路径，却因为这种路径的最后结果可能不完美而受阻。好绕的逻辑啊!

但是知道了根源，问题也就变得容易解决了。

一个期待自己“完美”的人，从一开始就不可能拥有更多成长和更大格局:**成长一定是基于“接纳自己不完美”的基础之上，是持续发生的，而不是一开始就瞄准了完美无缺**。

我们是不是经常见到这样的人？完美倾向折磨得他们谨小慎微，精疲力竭，苦大仇深。有人会说，这有什么不对吗？希望做得更好是对自己有要求啊。这正是“完美主义者”用来欺骗自己的借口，这是两回事:对自己有要求，不断追求更大的格局和更高的境界，那是精进。**精进不是以完美为目标的，而是以更好来要求自己的**。

所谓追求完美其实是在与事实较劲，与自己较劲，是以消灭缺陷为目标的。**很多缺陷可以消灭，更多的缺陷，其实只是优势和资源的另外一面罢了，消灭缺陷，就是在消灭可能**。

随着我和张平的咨询继续深入，她慢慢接受了对于格局的突破需要更多关注兴趣优势，而不是盯着自己的限制和不足。

于是，最开始咨询的问题，是否接受朋友的邀请去创业，开始转化为：如何才能提升自己，持续成长？

至于创业，张平希望以成长的态度来看待。

计划要一步一步实现

持续成长，要看张平自己对于成长的理解和兴趣的特点了。

“我更加关注自我的内在成长，关注人，喜欢做助人的事情。”张平忽然想到了什么，“职业生涯规划就似乎不错哦？”

成长性、价值感、持续创新、资源整合和迁移等，一路分析出来，张平似乎还真的可以把职业生涯规划师作为自己探索的一个方向。

她想了想，说出了自己的困惑：不知道怎么处理主业和副业之间的关系。在猎头公司自己是一个合伙人，在职业规划行业还是个新兵，做起来也必然会占大量的时间，我不知道该如何平衡它们之间的关系了。

这是新的完美主义，执行中的完美主义会把所有事情集中在一起，希望“毕其功于一役”。我问她：你是不是期待这样一个结果，既能把现在的本职工作做好，又能创业成功，然后实现华丽转身，做自己喜欢的事，而且成就感爆棚，物质精神双丰收？而且还在同时实现？

这样的场景太好了，张平不禁笑了，是不是有点贪心了？

不是贪心，是会带来焦虑和拖延。**一切设想得太完美，就会因为难以达到预期而迟迟不能行动**。把所有事情集中在一起，就会让人产生焦虑感。

处理的方式也很简单，就是用阶段性的思维来各个击破，每个阶段找到一个重点，一个一个来。

当我们一起把一个三年的实施计划定下来的时候，张平立刻就释然了：原来是可以在三年里逐步实现的，那我就没问题了。

很多人只知道自己拖延，知道自己有选择焦虑，知道自己优柔寡断，甚至还有些表面上深恶痛绝，而内心喜不自胜地标榜自己有完美主义倾向。但是，他们是否知道，他们的**所谓完美，只是给自己找了一个看似高尚的借口而已。完美，不仅是贪婪，还是恐惧，是缺乏接纳和改变的勇气**。

既然完美的根源在于恐惧，我们要做的就是从根本上消除恐惧。消除恐惧，有两种方法：

方法一，直面困难，直接解决问题。当然，前提是要先分析出来恐惧是什么。比如张平就是担心创业结果未知，担心自己没有成长，担心自己平衡不了主业和副业。既然这些担心都在这里，那就看一看，哪些是可以解决的：要提升创业结果的确定性，就需要进一步提升创业能力，积累资源；希望成长，就要有方向地提升；平衡主业和副业，就要增加投入的资源。**不回避问题，是一个面对恐惧的基本态度**。（深度审视问题）

方法二，解决不了的问题，就接纳它们。或许有完人，但总是“别人家的”。**接纳需要的不是胸怀，而是智慧，是对生命的敬畏和对个体可能性的希冀**。开始接纳的时候，一个人就开始了与环境的融合和对自我的真正关注。世界本来就很完美了，缺陷也是完美的一部分。

执着于追求完美，会让本可以璀璨各异的职业生涯到处是陷阱，而任何一个完美的陷阱都可以让人难以自拔。在“追求完美”这个自欺欺人的幌子背后，你有面对恐惧的勇气吗？

接纳需要的不是胸怀，

而是智慧，

是对生命的敬畏和对个体可能性的希冀。

转弯看见

完美主义是一种听上去“不那么有害”的思维模式，有人甚至会拿来给拖延遮羞，实则是对于目标的贪婪和自己无能的恐惧。克服的方法有两种：回到目标问本心，在本心那里，目标就多样了；执行计划加时间，如果不是一蹴而就，就切分到最近可以开始的行动。

驾驭能力马车

我们每个人的能力都不是单一的，是多样性掺杂在一起，就像马厩里的马，良莠不齐，形色各异。一个驾车高手，熟知马匹的习性，善于调配，从容有度，能把驾车技术玩成艺术。**职业生涯的发展不仅仅只是依靠能力的提升，更要懂得能力策略，学会统率能力。**

困惑的浮云

小北进入职场已经五六年了，从民企做到外企，从外语转公关，从小公司做到大公司，现在一家国际知名的广告公关公司工作。这几年她没少吃苦，怀着对公关的梦想，生涩而稚嫩的她进入一家民企。从做第一个文案开始，她经历过老板的鄙视，客户的苛责，经过一天天的熬夜、加班，几年下来终于获得了大家的认可，她的职业发展越来越好，两年前进到行业内最好的这家公司。

她找到我，是因为职业出现了危机。

“我可能要离开这家公司了。”她一见面就这样说，“我最近总犯错误，领导已经很不满意我了，我快做不下去了。”她急匆匆的话语中带着一种绝望。

“别着急，慢慢说。”我给她倒了一杯热水。

“我怀疑自己的性格是不是有缺陷，”她没有讲最近的烦心事，反倒从性格开始说起，“我的一些问题可能是10年来一直都有的，一直在阻碍我求学、工作上所有的发展。有一些老师和我曾经的领导都从刚开始非常喜欢我，到最后会说一句，你让我失望了。”**每个人都是自己的咨询师，会总结出自己的特点和模式**。

她说起自己说话和做事的方式有时会让身边的同事、客户和朋友不舒服，自己平时在工作中也不太注意细节。有时候甚至会犯一些职场老人都不应该有的低级职场问题，比如越级处理客户关系。

“这些有可能是因为我的性格特点，我是不是太愣了？有些毛病我自己知道，我曾经试过用两年的时间去改，比如注意工作的细节，都做得不是很好。还有，我总是搞不清一个大的框架下的关系，所以越级了我都还没意识到这是个问题，结果客户勃然大怒。这些问题这几年我一直都有，而且总是调整不好。我对自己都有点没信心了。”说着说着，她黯然神伤。

“那么，你觉得自己在哪些地方做得好呢？”我试探道。

“创意和洞察力，”她一点没有犹豫，显然非常清楚自己的优势，“我的创意总是出乎别人意料。还有洞察力，我善于对内容的挖掘，对行业的洞察，能做出好的公关故事。自己在做事上也能看出是有想法，也有执行力。很多人跟我聊天都说我有超越这个年龄的思考。但我认为我的深度还是很不够，只能说在这方面比较敏感，还需要加强。”看得出来，最后的表达是一种自信的谦虚。

“但这点恰恰是我现在面临的矛盾，”她话锋一转，说起了自己的困惑，“我因此感觉到公关这个行业的局限，永远是客户的产品和一些市场方向定了，你去做营销信息。虽然也有创造，但是在这个产业链条上有局限。我也开始有些厌烦公关的工作状态了。以前我觉得加班等于成长。可是我发现几乎完全没有了自己的生活，永远都是工作到夜里12点或更晚，然后第二天又是这样。随着年纪的增长，我不想这样下去了。而且外企的压力很大，不管你以前做得有多好，犯了致命性错误照样走人。而我看到我的领导们，有人30多岁累到流产，没有孩子。有人背着数字压力，有人做到总监却没有周末。我不知道是不是我的抗压能力不够强。”说到这里，小北的情绪又开始低落了。

公关人的工作状态是行业共识，我想，她入行这么久了，也不是第一天见到了。咨询师的价值不在于这个时候和她一起抱怨，而在于帮她找到解决问题的关键点。对于小北来说，她进入了一个职业分水岭，在进入下一个生涯阶段之前，她还没有做好准备。而压力、职业倦怠，甚至工作中出现的危机，都只是浮云。

马、马车和驾车人

我在纸上画了一辆马车，一个驾车人，车前有三匹马，我把中间那匹马涂成了红色。

我指着这幅画说给小北听：“**你像是这个驾车人，你车前的这几匹马就像是你的各种能力**，这匹红马就是你的创意和洞察力，它跑得最快，是千里马。而其他的马就像是‘对于细节的把握’‘对于人际关系的敏感’，不是驽马，就是老弱病残，总也跑不快。你给这几匹马起个名字吧。”

“代表创意这匹马就叫‘奔驰’吧，代表细节把握的这匹马就叫‘谨慎’，代表人际关系这匹马就叫‘从容’。”看得出，小北似乎很有兴趣。

“从你刚才聊的情况，听上去你特别喜欢那匹红色的‘奔驰’，于是总是扬鞭奋蹄，催促前行，直到别的马确实跑不动了，甚至都要翻车了，你才会停下来。”

“嗯，是的，都要翻车了。”小北若有所思，“可是，我之前也下了很大的功夫希望改善这种状况的，不知道是不是我缺了根弦，有些事情总也做不好。”

我不去询问小北做了些什么，我知道，如果那么做，我就立刻变成了蒙着眼睛的评判者，我无权那么做。

“那么，你现在准备怎么做？”我继续指着三匹马问小北。

“我是该扬长避短，还是该取长补短呢？”小北又从画面跳了出来。

“这个是你自己可以选择的呢！”我指着画面说，“有两种方式。”

第一种，你既要赶路，又要照顾整体进度。这样你就需要让“奔驰”带着大家狂奔一阵子，然后让“谨慎”和“从容”停下来休息一下，喂喂草料。就像是发挥创意的同时，要照顾其他的能力，接纳自己的不足。尽量把自己做不来的事情授权给别人做，别让驽马担当太多的任务。而且要重视自己的弱点，狂奔一阵后，一定要休养生息。不要总依赖创意工作，也要注意细节关注和人际关系。

第二种，如果你说，我能不能不照顾自己的驽马？也可以。把“谨慎”和“从容”卸下来，只让“奔驰”一匹马跑。这样，你就可以更加自我，完全发挥创意，不用顾及自己不擅长的部分。但是，需要注意风险前提：你一定是可以驾驭这匹快马的骑马人，也就是说，你的创意要足够“风驰电掣”；同时，马车变单马，你的这匹“奔驰”要能驮得动原来马车上的全部货物，也就是你的职业期待。

如此，你会怎么选？

驾车人的策略

“还是要注意各方面能力的提升的，后者风险太大。”小北明白了自己的选择，“不过，之前我也注意提升自己的细节关注度和人际关系处理能力了，可总也提升不了。就像是驽马的体力太差，跑不了两步就要停下来。有时候，我感觉就像是小学生应付一些科目的考试，总是复习，总也及格不了。”

我听出了小北的情绪，我重复小北的话：“总是复习，总也及格不了。”

“是啊，有时候感觉很狼狈，提出想法的时候都说很好，然后做出来东西了，就是左右不是，需要不断调整。”小北继续郁闷。

我却看出了端倪，指着画中的马车说：“我似乎有这样一种感觉：你很嫌弃‘谨慎’和‘从容’。你并不是有意识地让这两匹马休息，而是到了它们真的跑不动的时候，才停下来，给它们喂一点吃的。内心却依然鄙夷地说，这次总可以了吧？都是因为你们，你们看看‘奔驰’！你们真笨！”

“还要怎样？”小北“扑哧”乐了。

“是的，还要怎样？”我摊开双手，模仿小北。

“如此说来，每次着急修正问题，并不是最好的策略。要未雨绸缪，平时多做些准备和提升了。”小北自己有想法了。

“是的，不仅要喂马，还要让马休息。”我解释道，“你最需要的是重视自己的‘弱点’，对于细节，可以反复检查，在处理人际关系之前，可以更加谨慎地请教。或者参加培训学习，总有很多可以提升的方法。我不相信，一个有洞察力的人，怎么会处理不好人际关系？怎么会关注不到细节？你需要好好安抚你的‘谨慎’和‘从容’。”我指了指那两匹驽马。

“你这么说，我也感觉到了，**我在和自己的弱点较劲，这或许是我在内心对别人批评的叛逆吧。**”小北果然很有洞察力。

“你现在的阶段，马车跑的速度取决于驽马。驾车人，你的策略是什么？”

“认真对待自己的弱项，让驽马及格，不再嫌弃它们。”小北的回答简单直接。

我总结道：“把当下的困难作为一个提升的机会，自己不要放弃。”

我们说到能力的时候，总会和别人比较，也总会给自己贴上标签，然后在比较和标签中迷失，忘记了本可以各安天命，收拾天赋，做自己最想做的事情。

我们懵然不知，我们习焉不察，却活在情绪里，和自己对抗。刚强容易，柔韧难。柔韧就是顺势而为，顺应社会世界之势，更是顺自己之势，是认命。

每个人都像一个驾车人，
驾驭着良驽并驾的能力马车。
职场高手就是那个善于调配，
从容有度，
把驾车技术玩成艺术的人。

转弯看见

职场人的能力策略：1、识别自己的能力；2、让所有的能力达到至少可以满足现任工作要求的程度；3、发挥优势；4、让职业优势成为个人品牌；5、回到第一点。顺序很重要。

先做“无冕之王”

职场中，总会听到这样的抱怨：没有把握好职业发展的机会；没有选准好行业、好公司；没有跟对人，没人赏识；没有价值感，不受重视，总被排挤。这些抱怨最后又都指向一个结果：职业发展遇到了瓶颈。

我相信职业有瓶颈，而且是所有的职业发展都有瓶颈：**如果你把职位的高度定为自己的奋斗目标的话，你总会上升到一定位置上停下来；如果你把专业的精深度作为自己的奋斗目标的话，你总会发现总有自己的能力无法企及的领域**。从这个角度看，瓶颈在所难免。

与此同时，我又认为**瓶颈并不产生于外界，而是内在的资源与力量不能创造机会，或者不能匹配出现的机会**。正如管理学中的“彼得原理”所说，人们总会上升到他所不能胜任的地位。

这样的位置，既是瓶颈，又是断崖。

走上断崖

我有这么一个来询者：程美，女，34岁，某外企人力资源管理者。

找到我的时候，她刚刚离职，让我帮她规划未来的方向。我好奇的是，她居然对未来没有任何考虑就辞职了，这对于人力资源老手来说，不应该啊。

面对一脸愁容、心有怨气的来询者，我的好奇心让她打开了话匣子。

原来，她离职之前竟然做过半年的人力资源总监！辞职的原因也很简单：严重的人际关系问题。这样的问题一方面来自于新加坡上司，上司对她的前任HRD念念不忘，总是用之前的工作方式来要求程美，沟通有障碍。另一方面来自于下属和同事，原本挺规范的流程，不知怎么就是推进不下去。

那么，程美是怎么当上人力资源总监的呢？这是关键问题。她之前一直是培训经理，同时负责员工关系，因为工作干练而深得前任的赏识，前任因为个人原因而调任总部，临走前就推荐了她升职。

“我也没觉得之前的工作有什么太难的啊，因为外企的工作一般都很规范，我只需要按部就班来做就好。而且，在平时的工作中，我还赢得了不少好评。我预料到升职之后的工作肯定会有不同，但不至于我做的所有事情都有问题吧？”程美回顾之前的工作时，依然纳闷。

咨询中，我也看出了她对新岗位的重视、担心和不适应：因急于证明自己，经常会出现工作方式武断，不听取建议的情况。于是，她不适应工作，同事也不适应她，在种种不适应中，她终于受不了压力，辞职了。

程美问我：“该怎么和上司相处？特别是外籍老板。我是不是不适合做管理啊？我是不是不适合外企的环境啊？”遭遇打击之后，各种自我怀疑也就出现了。伴随着这些怀疑出现的，是对自己职业发展的否定，认为遇到了瓶颈。

这样的瓶颈很容易被识别：有机会，没能力。但是，又不是那么简单：

内心并不确信自己没能力，更容易归因于别人的问题。或者，由此走向另一个极端：感觉自己一无是处。

我看到了这样一幅画面：**一个登山者因贪图路边的美景，不去看地形地势，一路走来，抬头一看，才发现自己走到了断崖，而且是自己迈不过去的断崖。美景就像是诱惑，权力、荣誉、物质上的诱惑，这样的诱惑让人只顾着飘飘然赶路，却没有去看路，没有关注自己的内在提升。**

程美就是这样走上“职业断崖”的。

诱惑带来的毁灭

程美的能力不是挺强的吗？作为执行者，是的。也正是这样的假象把程美推向了断崖。

职业发展中，不同的职位对于人的能力要求会有着质的变化，而不是简单的能力加强。对于新角色的出现，需要做好充分的能力准备，或者准备好有一个较长的适应期。

对于程美来说，作为培训经理更多的是团队管理和执行能力，而到了人力资源总监，一定要涉及战略眼光、跨部门合作以及和上司的相处。这样的能力如果没有提前储备，不适应也是必然的。而程美的离职又反映了她的韧性不足，经不起折腾，就像是走上了断崖，又没胆子跳下来，尴尬是必然的了。

这让我想起了春秋时期的一位君主，也是一位霸主：晋文公。晋文公名重耳，他早年的经历极其坎坷，曾经被父亲和兄弟夷吾追杀得流亡几十年。中间有一次，其父晋献公去世，国内政治动乱，大臣力邀重耳回国执政。但是谋士们告诉重耳，此时回晋，国丧期间不得民心，而又必被老臣们要挟，不要回去。重耳听从了谋士之计。但是后来，夷吾回国，而且执政顺利，重耳就对谋士有意见了：你说时机不对，你看夷吾如何？谋士这时才说出了心里话：你能和夷吾比吗？你会杀老臣们吗？你有他那么狠吗？如果回国，说不定被杀的就是你。重耳顿悟。

晋文公是一个正面例子，他及时听取了建议，审时度势，掂量了自己的能耐，发现在当时的情况下自己难以胜任，于是，选择了放弃。**我们讲机会，总在讲如何抓住机会，提升能力创造机会，但是更重要的是如何区分机会和诱惑，机会或许能带来发展，诱惑就会带来毁灭。**

对自己的能力和境界认识不清的人，会把一个个诱惑当作机会，跨越了自己的成长阶段去操控一台自己难以驾驭的机器，于是在机器快速的转动和轰鸣中，自己灰飞烟灭了。

或许有人就会觉得这样的想法太保守了吧？我们不是只有在接受高于我们能力的任务和职位后，才会有所发展的吗？没有挑战，就没有成长嘛。这是两回事，**挑战要有，但不是一战必死，可以蹦极，但不要跳崖。**

不贪婪，有信心

程美说，她来找我，是希望我帮她规划下“最适合的”职业，是不是可以转一个方向做培训师、企业教练之类更加自由的职业？但是在我看来，这些都是些环顾左右而言他的逃避选项，让程美逃避到一个舒适区，不再有所奢望。

我说，不妨退一步，走下断崖，积蓄能量，重新开始。这样的经历，最大的价值是看到了未来能力发展的方向。如果对于更高的管理职位有期待，不妨试试看。

“怎么试？如何判断自己是不是准备好了呢？如何判断是不是又走上了断崖？”程美既有期待，又有担心。

我给程美支了一招：先做“无冕之王”。

领导力只有不依附于职位才有力。在晋升为人力资源总监之前，屁股有没有坐到这个职位上？有没有想过这一职位要考虑的事情？有没有做过相关的积累和一些实践上的尝试？如果在同事中有影响力，在上级那里有影响力，那么一切就水到渠成，领导力有了，就是“无冕之王”。这时候再等，等来的，就是机会了。

程美这才恍然大悟：一直以来，都是自己太着急了。

我告诉她，**有欲望很正常，但如果自己的资源和能力不能托得起欲望，这就是“贪婪”了。贪婪带来的只能是自己的痛苦：或自我否定，或仓皇逃避，最终贻误发展。**

程美重新燃起了对自己的信心：不是自己不行，只是暂时不行。调整状态，准备重新杀回职场。这时候她才发现，自己真正在意的并不是挂在嘴边的“助人”“自由”，而是权力带来的成就感，之前的种种表现终是逃避。这样的逃避，逃不过自己。

职业出现瓶颈，就是在提醒自己需要成长了。

我们经常讲职业发展，发展的其实不是外显的职位，发展的是自我，包括能力和驾驭能力的格局。

不识庐山真面目，只缘身在此山中。

权力、荣誉、物质就像是路上的美景，
诱惑着人们只顾飘飘然赶路，
却没有关注内在的提升，
不知不觉中走上了职业的断崖。

转弯看见

职场晋升有两种：一种是足以胜任，得以提拔；一种是形势所逼，火线提升。后一种情况很容易出现不适应，调整方式：充分利用信任期给自己减负而不是急于表现；发挥自己的优势，迅速树立自己的职业品牌；维护团队和谐，不要推动改革。如果调整失败，不要因此否定自己，只是时机未到，要蓄积信心重来。

每一个职场妈妈都是生活艺术家

对处于生育期的妈妈们来说，因为生涯角色的增加，一定增加了很多的工作，这时候，要么没有梦想，要么梦想显得非常遥远。于是，有人选择了逃避，有人选择了接纳，有人选择了死磕。其实，越是复杂，越要做减法，越是需要突出重点。越是担心，越是需要用行动来面对。

一个职场妈妈的三种可能

过年的某一天，我收到了一条短信：赵昂老师，感谢您两年前给我做的咨询，我现在正在践行当初的计划，而且越来越靠近我的梦想了。祝您新年快乐！洁玲。

我努力回忆，哦，想起来了，洁玲是一个福建的咨询客户，做咨询的时候，还在休产假，因为路途遥远，我们做的是电话咨询。看到这条短信，我真为洁玲高兴！

那一年，洁玲正好30岁，她的孩子出生刚3个月。咨询中我了解到，洁玲的学历不高，大专毕业，在一家物流公司做销售，已经八年了。工作的时候，洁玲是一把好手，连续几年都是销冠，是公司内有名的拼命三郎。这几年随着职业的良好发展，家庭的经济状况有了很大的改善，老公的事业发展也有了起色，于是就决定要孩子。

孩子出生之后，矛盾也出现了。本来她的计划是，让自己的妈妈过来带孩子，自己继续工作。但是在育儿理念上，洁玲夫妇和妈妈有很大的不同，甚至有时会有冲突：一方面，洁玲觉得妈妈非常辛苦，另一方面又觉得妈妈的养育方式已经很落后了。有时候会因为喝水、盖被子这样的小事而搞得不愉快。老公也有了一些抱怨，觉得洁玲不应该再那么忙工作了。可是，洁玲又有什么办法呢？虽然是一个老销售，很熟悉业务了，但是需要处理很多客户的杂事，发票、对账、催款……这些烦琐的事情让洁玲即使在家里休息的时候，电话也不能闲着。

这样的境况可能是每个职场妈妈都会遇到的。

洁玲自己有三种考虑：

第一种，继续现在的工作，但是会觉得工作乏味，同时还要考虑如何处理家庭关系。

第二种，想过辞职回家做全职妈妈。经济方面倒还好，但是，家庭地位和脱离职场之后的自我状态，这些都是她担心的事情。

第三种，自己留心了一些职业，比如心理咨询师、培训师，挺喜欢那种温暖的、助人的、智慧的感觉。不知道这是不是一个开启新职业方向的契机？

平衡的前提是：重心

我听出来了，她既不想放弃职业，又不想放弃家庭，还不希望延续原来的工作，洁玲是来寻找支持了：她对于最后一种可能显然有期待，只是不知可行性有多大。

咨询师毕竟不是行业信息检索器，我深知，洁玲对于信息的期待一旦被满足，就会出现新的问题：我该如何做？现在的生活怎么办？如何过渡？……我们都是这样陷入了一个个问题，就像陷入了泥沼，难以自拔。咨询要做的，就是要让来询者自己有力量。

首要的问题就是：还有什么可能？

我问洁玲："如果生命有三个维度：代表影响力和权力的高度；代表专业的精深度；以及代表生活的宽度。你分别希望自己在这几个方面的理想程度都是什么样的呢？比如，满分是10分的话。"

在电话那头，洁玲想了想，告诉我："我希望自己的高度是7分，精深度是8分，宽度是8分。"这样的分数是一种什么情况呢？如果一切按照理想状态发生的话？洁玲给我描绘道：她希望自己能有一个可以做到精深的工作，可以一直做到退休，甚至可以发展成为一个事业，并且还可以有丰富的生涯角色，让自己成为一个幸福而富足的人。

我感觉，洁玲似乎能看到那个理想的画面。值得注意的是，梦想需要分阶段实现，不能一蹴而就。我开始尝试和她沟通这些维度的平衡：或许一个人可以逐步实现各个维度的满意，但是在一个阶段内，因为精力、资源的限制，有了重点，才能更好地实现目标。

洁玲一下就明白了，她把分数做了调整，把高度的分数降为4分。她说，目前的工作虽然有机会晋升，但那不是自己的期待，自己更希望找到一个喜欢而且能够持续稳定发展的职业。同时，家庭还是一个重心。

重心找到了，就先保证了平衡。然后再去探索梦想，就不会有后顾之忧了。

重启的关键是：方向

“既然你对宽度和深度的追求都比较高，那么说说看你自己的考虑啊。”我引导洁玲更加聚焦地构建自己的梦想。

“我喜欢心理学方面的书，自我成长方面的书，育儿幼教方面的书，并且在进行自考，明年争取考下心理咨询师的证书。我现在比较倾向于家庭教育方面的职业发展，但是，我不知道的是接下来该怎么做？”

来询者心中已经有了答案，需要的只是更加清晰的路径和进一步的确认。对于一个新方向的探索，基本上需要这么几步上的考虑：

一、寻找，并确认一个合适的方向；

二、看到可能的障碍，并排除；

三、整合之前的资源，进行逐步迁移；

四、进入新领域的能力提升计划。

显然，家庭教育方向是洁玲自己感兴趣的，从价值收获方面，智慧、温暖上都能满足，从准备程度来看，入门能力也不是问题。现在，洁玲需要的不是我的一个确认，而是真实职业体验的一种确认。

我给洁玲提供了一个问题清单，给她留了一个任务：进行职业调查，并尽可能深度地体验这一领域的职业，访谈对象就是她所能接触到的家庭教育的从业者。

几个关键问题：

1. 这个领域将来的发展如何？会有什么样的市场需求？消费客户会是谁？单笔业务的消费额度会有多大？

2. 这一领域的主要职业都有什么？各自有什么进入要求和发展

要求？

3. 做到比较不错的程度大概是怎么样的？

4. 这一领域的最大尴尬和困难是什么？

5. 这一领域的回报和价值有哪些？

6. 当地开展的可能性和市场如何？

洁玲看了这些问题，有些欣喜：太好了！这就是我想问的问题，赵昂老师都帮我表达出来了。

我告诉她，这些问题只有在这个领域持续发展的人，才能讲得出来，慢慢来，不必一步到位，可以通过别人告诉你，也可以自己看更多的信息，或者通过亲身体验的方式来了解，只有这些问题相对明确了，方向才会坚定。

平衡的艺术

第二次咨询的时候，从电话里传来洁玲明快而轻松的声音："经过一些访谈，我已经计划辞职了，准备全心投入这个领域里，先花几年时间学习。同时，也可以安心地平衡一下家庭，这也是家人期待的。"

安心的计划似乎出现了！

这时候，障碍克服、资源迁移，下一步行动才会上场。

"现在，你觉得还有什么困难呢？"我想先听听洁玲的想法。

"说实在的，虽然做了决定，我对做全职妈妈还是有些害怕。毕竟，之前在职场上忙忙碌碌的习惯了。"洁玲的心情，我理解。

此时的梦想，对于洁玲来说，还是一个非常嫩弱的幼芽，不仅要保护好，还要帮助梦想长大。

我用三个问题继续进行和洁玲的探索：

1. 未来几年的生涯中，最大的压力具体是什么？会在什么时候出现？

2. 辞职之后，你会用什么方式保持和社会的联系？

3. 你如何见证自己的能力提升？

问题问出来，就解决了一半。洁玲对未来几年的生活做了大致的考虑：家庭基本上没有经济压力，唯一的压力来自于辞职之后自己在目标上的投入时间。她的担心也来自于一旦辞职，就彻底被家庭占据了，会陷入烦琐、重复的家务中，还会因此影响自己的情绪，以及家庭关系。过几年，自己的竞争力就真的没有了。

我看出来了，问题的症结在于：角色侵蚀。一个人会有很多角色，但是这些角色绝不是平均分配的，甚至有时候不是自己能够把控的。我说："那我们倒推回来，为了实现你的事业目标，需要做些什么？"我们的生活往往会被紧急而不重要的事情占据，避免这种情况的方法就是先用重要的事情把时间占住。

不到半个小时，一份非常清晰的行动计划制订出来了。我告诉洁玲：这时候，你再把你的家务安排进去吧。洁玲舒了一口气。

"要注意一个问题，与社会保持连接。"最后，我提醒洁玲注意。

"你可以把自己的人脉攒起来，同学、同事、之前的客户、车友、玩伴，在不同的圈子里，让他们知道你在做的事情，定期进行分享。这样，你会有多方面的收获：在分享中自己的提升最大；同时保持了和社会的连接，巧妙地迁移了资源；他们又可以成为你的潜在客户和宣传者；你也会因此见证自己能力的提升。"

"太好了！"洁玲很兴奋，"我不仅知道如何做准备，还清楚了如何和社会保持连接。我找到状态了！”

来询者总是在最后会感觉到有特别大的收获，殊不知，咨询师已经在前面帮她把所有的雷扫完了。

生活的艺术家一定懂得平衡的艺术，一定善于利用资源。**每一个职场妈妈，都是一个高超的生活艺术家。**

转弯看见

职业与生活的平衡要注意三点：找到不同阶段的重心；明确每个重心的方向；发现不同重心之间的关系。平衡不是平均用力，是懂得阶段性取舍，明确自己的方向选择，才能有效地整合资源，成为生活的艺术家。

扯下自卑的遮羞布

有人说，咨询师很厉害，可以洞悉内心，可以一语道破玄机。我却说，这些都是咨询师对面的那个来询者告诉我们的，包括言不由衷的混乱，都是他们所能呈现出的最大真诚。

各种混乱中，转行、跳槽是很突出的一类，这是一个职场人在厌倦了自己的职业之后，经常会考虑的一种职业调适手段。工作几年，并无建树；横向比较，不如别人；看看未来，并没有让自己兴奋的可能。于是，就开始琢磨了：是不是这份工作不适合我呢？

适不适合确实重要，然而更重要的是找到适合的密码，这个密码不在测评里，不在职场前辈的各种心经里，也不在海量的“热门行业”信息里。**职业适合的密码，其实就在你自己过去的经历里。**

你想要的是认同

云萍也是来咨询适合的工作的。她在外企的项目管理部门工作了五年，感觉职业难以承载她的理想。

“老师，我们一起来探索下我的价值观吧？我感觉目前的工作不适合我，主要原因是价值观不匹配。”云萍一上来就说出如此专业的词汇，看得出她是有备而来。

我并不着急：“你说你的工作不适合你，那你有没有想过你理想的职业是什么样子呢？”

“有的呀！”云萍开始描绘她理想的职业，“要在工作中能接触到广泛的、高端的人脉，接触到有智慧的人，有和谐融洽的人际关系，能够在帮助别人的过程中获得成就感。”她最后总结道，“社交关系、职场人际、帮助他人、获得智慧，这就是我的价值观。”

我用心地听，我似乎感觉到**这些华丽而动听的词汇背后，并没有深切的体会和感受，有的只是希望挣脱的、空洞的向往**。这些向往又似乎言不由衷。

“看来你对自己的了解还蛮多的。”我点点头，转换了一个话题，“我们都知道，如果希望转行到一个陌生的职业，一定有可以迁移过去的能力，而这些能力一定在过去的经历中体现过。我们一起来梳理下，有没有一些让你兴奋而有成就感的经历呢？可以发生在工作中，也可以发生在生活里。”

“老师，你说的是成就故事吧？我有的，也分析过。”云萍显然是学习过职业规划。

“那你说说看吧？”我依旧平和地看着她。

每个人都有解决自己生涯问题的能力，如果能够看到纠结的话。没有解决，就说明还未看到纠结。

云萍开始描述自己的成就故事了，曾经组织过一个校友活动，曾经张罗过的圈子聚会，曾经参加过的一个高端论坛。这些活动都组织得周密而精彩，但是，这些事情没有一件是工作的内容，都是业余时间在其他组织里的活动。

每个故事里，我都问了好多问题，有一个问题我一定会问：成就感从哪里来？

从详细的描述中，我不禁好奇：似乎这些成就感都来自于别人的认同。那么，助人、职场人际、社交关系、智慧，是不是都与此相关呢？

“不是不是，我不是追求别人的认同。”云萍先是本能地矢口否认，然后，她陷入了沉思。

我想，这是个好问题，需要等等她。

转行是块遮羞布

等云萍思考了一段时间，我继续问她：“刚才说价值观的时候，你反复强调助人。那么，我们看下，如果不是追求成就感，你能够做一些默默无闻但利他的事情吗？”

“当作一种职业的话，或许就不会了。”云萍若有所思，“这么说，我看重的价值观其实是成就感了？”

“你觉得呢？”我反问道。

“或许是吧。”云萍并不确定。

“和我说说你的工作吧，你开始一直说自己的工作是平淡无奇的。”这时候，我们才转向了她自己的职业。

工作确实平淡无奇，一切按部就班，这样的工作让云萍很难有成就感，于是她把目光投向了交际圈、高端人脉。若真如此，转行倒是必然了。不过，在云萍强烈的成就诉求中，我似乎听出了一些不安。

“你知道工作不能让你满意，也知道自己渴望成功。为什么这么久了，却没有直接尝试谋求新职呢？”我好奇地问出了这个问题。

得到的却是大段的沉默。

过了好一会儿，云萍才抬起头说：“因为我自卑。”接着，她和我讲了自己的一段职业经历，曾经有一次，因为不敢在公众场合发言，因而丧失了一次很好的发展机会。从此以后，她就不再主动要求任何有挑战的任务了，工作时间的平淡无奇完全是自己争取的结果。

我明白了，**寻求转行，只是把这种手段当作自己职业发展不适的一块遮羞布，遮住了自己最薄弱的部分，担心被别人看到，并且在手忙脚乱中一副很上进的样子。**

转行这块遮羞布，遮住的其实是自卑。

扯掉遮羞布

“转行也是没办法获得成就感的。”我明确地告诉云萍。

没有一件事是轻而易举就能做到的，而简单的事情又似乎没有价值。这样的转行结果，要么不能获得成功，要么转了依旧空虚寂寞冷。

“那怎么办？”云萍似乎都要急哭了。

不善公众表达还不是硬伤，硬伤在于她不敢面对自己的弱点。每个人都有自己不擅长的能力，学会和它相处，才能够让自己发展。

对于云萍来说，直面转行遮住的自卑才是最重要的功课。

自卑，源于经历，源于过去的不断验证。每个人都会有自卑的时候，有些人敢于直视并接纳它；有些人被自卑吞掉了，衍生出自大；有些人在自卑面前瑟瑟发抖，随时准备逃走。转行，经常就是逃跑的一种表现。

总想尝试新鲜事物，企图找到一个新的领域建功立业，还给自己找到了一个合理的理由：我就是不适合，我需要转换到适合的领域里去。适合与否，至少要试过才知道，不去尝试就断定自己不适合，多数是逃走的。

我扯掉了转行的遮羞布，那点自卑就不足为惧了，在极力躲藏而无处可藏的时候，那个恐惧也就没有想象的可怕了。**魔鬼是自己塑造的，也是自己一点点养大的，放轻松、直视它，幻影自然委顿下来了。**

我告诉云萍：成就感是通过能力博得的，转不转行都不是问题，先来分析分析你的能力才是最需要做的事情。

优势、劣势、擅长、不擅长、喜欢、不喜欢，每种能力都一定要有可以证实的表现。分析中，我帮云萍找出了很多“以为”的能力，以为擅长，或者以为不擅长，但实际上从未使用过的。我告诉云萍：“这些所谓的‘能力’其实和你无关。”

分析出来后，反倒清爽了，不管擅不擅长，能力屈指可数。然后，再对应到现在的工作中，哪些可以更好地使用，哪些需要创造机会迎接挑战，哪些需要避免使用。根据工作需要，我们一起制订了一个直指目标的能力提升计划——通过一套能力发挥的“组合拳”，打出职业内的个人品牌。看了这个计划，云萍也轻松了：看来，该来的迟早要来。

这只是获得成就感的第一步。**从正视自己开始，一个人会把注意力投入到真正要做的事情上。**

在咨询中，我也确实听到了云萍工作中缺乏挑战的情况。于是，我告诉她提升成就感的策略：

一、先把本职工作做好，这是对外拓展可能性的前提。既然已经清楚了自己的能力结构，就用己之长，把现在的工作当作自己的能力训练场。

二、看得出，云萍是一个善于交际和拓展人脉圈的人，那么，接下来要做的事情就是建立职业内外的链接。之前之所以一门心思想转行，是因为逃避，现在不逃了，就要把职业转化为资源。

三、依然可以对外寻求可能性，但是对于新目标的评价标准，不再是助人和智慧了，这些是实现手段。对云萍来说，这个阶段最重要的就是成就感。如果一份职业可以满足成就感，如果满足成就感的职业提供给自己机会，那就说明自己开始成功了。

具体的方法也很快明晰，这次的计划甚至都不再把职位晋升作为主要目标了。云萍说，能力提升才是王道，我要在一年内，让同事们刮目相看！

积累越久，爆发力越大。

面对，并不总是要战胜的。多数能力可以通过反复练习建立起自信，还有些只能做到平均水平，还有些，真的需要认识到自己的限制，主动转化到自己更为熟稔的方式就好了。

主动转化，就是一种面对，被动躲避，却是欲盖弥彰。

我想起了电影《国王的演讲》里面有一句话：这个人可以真正成就一番事业，可他把精力都花在和我作对上了。这句话也适用于我们自己身上：**我们本可以成就一番事业，如果不把注意力放在如何逃避恐惧上。**

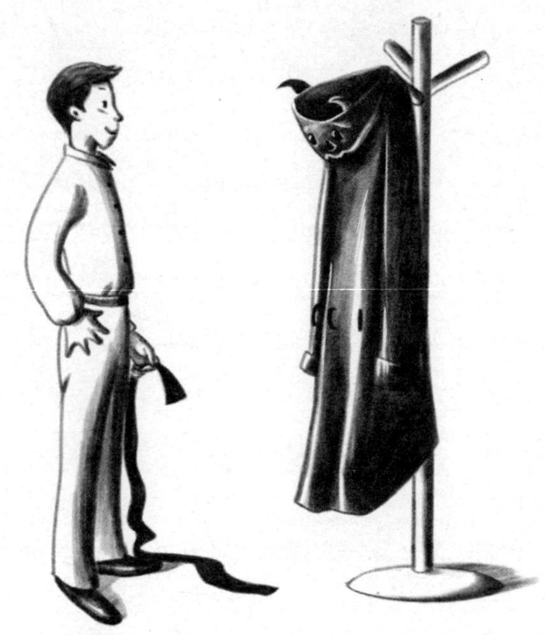

扯掉自卑，

直面恐惧，

那个我们自己养起来的魔鬼自然会委顿下来。

转弯看见

获得自信的必备信念：1、自信不是凭空产生的，必须通过做事情，获得成就感，自信才能回来；2、挫折会打击自信，但永远不要躲避它，从挫折中学会认识自己也是一种面对；3、每个人都有优劣势，“用优势，避劣势”是一种策略，不是一种无能。

第二章
Chapter

那些你不小心会踩到的坑——成功跨越

- 成功不是写在你家日历上的
- 从战士到将军
- 拔掉晋升后的刺
- 通关职业断奶期
- 死磕恐惧清单
- 理想是现实土壤上开的花
- 任性需要有可以任性的能力

成功不是写在你家日历上的

职业生涯的发展有计划性固然很好，但是我们总会遇到计划之外的变化，让人抓狂，或者面对一成不变的计划而喟然兴叹。职业的成就感不仅是可以汇报的绩效，可以量化的指标，还有一些令人怦然心动的目标，让我们愿意为之倾力付出。

寻找这样的目标需要不时回顾自己的初心，觉察自己的状态，反思自己的问题，畅想自己的生涯，留白自己的时间。职业生涯的发展历程，除了拼搏，还有从容。

当我们能够停下来，从容面对自己的时候，我们体验到的，就不仅只是成功了。

咨询师杀手现身

下午有咨询，我在办公室里做着咨询前的准备。

之前，助理告诉我，这个客户似乎非常挑剔，对我们的咨询结果反复进行了确认：能给我一个结果吗？会有一个具体方案吗？咨询几次？

两个月够吗？如果不满意怎么办？这些都是常见的问题，客户有疑问都是正常的。

我往下看助理的记录，才知道遇到传说中的“咨询师杀手”了：一年之内，在两家职业规划机构做过咨询都不满意，之前把她的资料和情况给过我的两个咨询师同事，都不愿意接这个案例。

我不禁又看了看信息：

李洁，女，34岁，某国企财务经理，第一学历是专科。咨询问题：要不要离职？希望有一个特别靠谱的计划。

“小张，李洁的案子还有什么要补充的吗？”我问助理。

“哦，咨询前为了选咨询师，来询者和其他咨询师做过电话沟通，因为来询者似乎对自己的发展思路挺清晰的，所以咨询师都感觉不能给到她想要的支持。”

“她想要什么支持呢？”

“她似乎就是希望听到更加专业的分析，具体的，我也不清楚了。”助理特别强调了“专业”。

“专业的分析？这个幌子足以干掉一个咨询师的自信了。”脑海里立刻浮现出一张严肃的面孔，我笑了笑，“好的，小张，我知道了，谢谢你！”我心想：嘿嘿，专不专业的，下午见吧。

下午两点，我听到咨询室外助理的声音：“李女士，请到这边！”“赵昂老师，来询者到了。”

我站起来，观察了一下对面这位女士，穿着职业，化着淡妆，挎着一个看上去不错的包（请恕我对此毫无概念），目光冷峻。

我打招呼道：“您好，请坐吧。”

“赵老师，我们有更好一点的咨询室吗？这里有点太小了。”李女士四处打量了一下说。

“对不起，我们今天正好约到了这个咨询室，如果你觉得不舒服，我们可以下次提前预约。”我温柔而坚定地拒绝了她。

“好吧。”李洁坐下来了。

或许，这真是个挑剔的来询者呢，我想。

一份完美的规划

李洁从包里掏出一个装订好的册子说：“赵昂老师，你先看看这个，这是我给自己做的职业发展规划。”

“这是你的资料吗？怎么之前没发给我？”我接过来问道。

“哦，我之前没有做好，今天上午又修改了一遍。”

我接过来，扫了一眼，确实是非常清晰的计划，如何做，怎么做，目标、执行计划、表格、图示、分析，非常全面了。但我也看得出来，只是个计划，一个看上去很好的计划。

“谈谈你对咨询的期待吧。”我把计划放在了一边。

“我就是希望老师帮我看看我的职业规划，”李洁指了一下那个册子说，“然后提出一些我想不到的地方。”

“嗯，好的，你的计划待会儿我们会一起讨论，先来谈谈你对咨询的期待吧，你只是期待我们一起看你的职业计划吗？”

“还希望对我有分析，我觉得你们很专业，能帮我看到我自己看不到的地方。”

“好的，还有吗？”

“还有就是最后再帮我判断一下我是否需要跳槽，未来如何发展，我的计划是不是靠谱。”

又回来了。“好的，我都记下来了，我们先分析分析你的生涯历程吧。”此时，我希望放下那份完美计划，看得更全面一些。

李洁读的是专科，这段经历在她看来就是一个“错误”，高中时她学习很好，高考发挥失常，家里的压力让她不得已读了大专。但这并没有阻碍她的求学路，大专毕业两年就读了研究生，还是知名大学。读研究生之前，还有过两年的工作经历，是家里人给谋的一个事业单位的“好职位”。这个职位，她受不了“无所事事”“关系复杂”。而读研究生，是一种解脱，也是一种提升。

转眼间，研究生毕业也快十年了。这十年里，为了摆脱之前的学历背景，李洁的学习异常出色，同时也带来了一些“自持清高”“人缘一般”的评价。毕业后，李洁在一家公司从出纳做到了财务经理，并且进入了公司的投融资部门，负责相关项目的财务分析。这是一家大公司，行业内也是领头羊，规模大，业务广，部门多，看上去发展得还不错。

问题在哪里呢？

掌控感拒绝了可能性

李洁提到了跳槽，看来她有自己的不满。

“那么，你怎么看现在的这份工作呢？”

“这份工作不错，收入可以，学习机制也可以。但是，就是因为公司太大了，我的职业发展就感觉总在一个模块里，所做的事情在这几年就没有什么变化，而且做得越熟练，就越不会有变动。”她说出了所有大公司的一个特征。“而且，在公司里我看不到有什么升职空间了。专家太多，我感觉任何一个领域都足够我研究一辈子的，这样的情况，我简直就像是被淹没了。”

“所以，你感觉不到职业的成就感？”

“是的，不仅是缺乏成就感，我还很担心未来的出路。”李洁说出了更大的忧虑，“你说，我现在一刻都不敢放松，结婚几年了都不敢生孩子，不是没有产假，而是担心我一旦离开，再回来就没有位置了。即便这样，我看那些四五十岁的同事就有隐隐的担忧，公司太大，我们慢慢地就没有了竞争力，将来可怎么办啊？”

“李洁，你在之前的职业阶段发展得很好，很快就提升了自己的能力，并在一个领域成为一个专家。但是你现在要进入的下一个生涯阶段，需要的是平台，是你在平台之上的能力迁移和资源积累，同时也需要你拓展视野。”

“是的，你说得不错，我也是这么想的，你看我的计划里都列出来了。”李洁又提到了她的计划。

“那我们来看看你的计划吧。”我拿起了她的计划。专业资格考试、各种职场能力提升、参加专业的培训学习……似乎很详细了。

“从你的职业发展来看，你的优势主要在两点：某个细分领域的专业经验和曾经带过小团队的管理经验。”我分析道。“是的。”李洁点头。

“从你的计划来看，你似乎还是把重心放在能力提升上。”“是的，有什么不对吗？”

“你需要给自己找一个具有更大可能性的平台。”“你是说让我辞职？去哪里呢？我也头疼这件事。”

“不是辞职，**更多可能性的平台可能在企业外，也可能在企业内，但一定要突破之前的做事方式**。比如，给自己设定一个需要拓展的职业目标，提升相应能力的同时，给自己创造机会。”

“我也想过，但是能不能再落地一些？”李洁表现出了一切尽在意料之中的态度。于是我就开始和她一起分析如何拓展可能性，如何从熟悉的领域切入并展开。

分析的时候，李洁要么表示什么都知道，要么表示实际情况并不会那么容易。我忽然有一个感觉：

我在拼命支招，而她在拼命拒绝。

成功不是撕啊撕

“李洁，你看，咨询到现在，我们分析了你的特点，也分析了可能的一些方案，不知你有什么反馈？”

“分析得挺清晰的，很多我都想过。但是，似乎不够震撼。”谢天谢地，她说实话了。

“你需要什么样的震撼呢？”我很好奇地问。

“就是直接指出来我的问题，指出来我该怎么做才能实现我的目标。我总是不太放心。”

我想，我知道问题的关键了：“你之前做过咨询，是不是也是得不到你想象的效果？”

“是的。都是给我一些目标分析，我都知道的。”李洁的嘴角露出一丝不屑。

这是必然，职业规划师不可能比来询者更知道她的行业情况和具体职场信息。“所以，你是期待一个神一样的专家给你做咨询，”我看出了她的困惑，没等她回答，我接着说，“但是你也是专家，并且一直抱持着专家的态度，不肯放下对咨询的评判。你有没有感觉到你是在和咨询师辩论？”

我看到李洁有点惊讶，“**这种对抗其实是你和自己的对抗，你一直不相信你自己能在职业上有所突破，所以，你在扮演着一个批判者的角色，对咨询师提出的种种方案进行驳斥，而不是一起来分析如何实现的可能性。**”

我拿起了她的那沓计划：“你看，你的计划制订得如此完美，但是这终究只是计划。**这份计划最大的问题就是不允许可能性的出现，不管是好的可能性，还是坏的可能性**。所以，看上去你的职业发展似乎也缺乏可能性。”

李洁有些愣住了。

我继续慢慢地讲：“这也是你的一种特质，追求完美的计划。追求完美，并且一切尽在计划中。然后呢？然后希望一战成名，通过一纸完美的计划就实现自己的梦想。**期待成功就写在你家的日历上，你就这么撕呀撕呀，就撕到了成功那一页**。然而，实际上你谁都控制不了，包括你自己。成功并不是从发愿直接就蹦到了结果，中间有探索方向，确定方向，收集资源，提升能力，进行调整，收集反馈，扩展平台，创造机会，逐渐实现等许多步骤，**那种从开头就设定了结尾的逻辑，不是职场的真实逻辑。**”

我看出我的这番话可能确实“震撼”到了李洁。

“所以，”我停顿了一下，“李洁，你最需要提升的能力，不是你计划中的业务能力，这些你自己已经分析得很清楚了，而是敢于突破和冒险的能力。当然**冒险不是目的，冒险是为了寻求可能性**。你所处的环境已经一眼看到底了，如果希望躲在一边悄悄练功，有一天能一飞冲天，这似乎是不大可能的。重要的是，你也不知道练得对不对。”

“是的。”李洁说话了，“这也确实是问题，那该怎么冒险呢？”

“冒险也只是手段，”我笑了，“你比较善于内归因，**如果外界有什么负向的反馈，你都会归于自己的能力不行。然后就回去憋着练能力，但是忽略了反馈本身的意义。**”我顿了顿，“我们重新来设计一个计划吧，让你的步子再小一些，从反馈中学习，保持方向，不断调整。”

于是，我们一起分析了在她熟悉的领域，如何给自己争取更多的业务空间，如何通过承担更多责任来提升自己的资源驾驭能力，并提升格局和平台。其实就是几句秘诀：

尝试不同的业务模块，从而拓展业务能力，虽然有可能失败；

尝试进行系统化整合和呈现，从而提升自己的专业高度，虽然有可能很难；

尝试主导新的项目，从而探索自己能力的可能性，虽然有可能遇挫；

尝试进入非本领域的圈子，从而拓展职业视野和人脉圈，虽然有可能不适应。

最重要的关键是：不要忽略走向成功的中间步骤。

看了看表，时间差不多了。我最后做了一点提醒：

“李洁，生涯中职业是非常重要的一部分，同时要考虑到自己的其他角色，就像是你的生活不可能完全按照你的计划来过一样，你也不可能期待着先工作再考虑生活。处理生涯中各种角色之间的关系，或许是现在你就需要考虑的问题。”

她似乎明白了。

那种从开头就设定了结尾的逻辑，
不是职场的真实逻辑。
成功不是写在日历上，
等着你来撕。

转弯看见

职业进入平台期的时候，就一定需要新的方式来实现发展的突破：尝试做不同的事，尝试接触不同的人，尝试发展新的能力。这样的尝试虽然有一些冒险，但是值得。人们会在这样的尝试中看到新的可能性，以及新的否定性，产生新的链接，成长为新的自我。

从战士到将军

这个社会对职业的追求呈现出两种完全不同的状态：一种是追求把职业做到极致，精益求精，信奉“匠人如神”；另一种是追求职业的多样化，不断尝试，不断转换，不断出彩，成为明星。

如果可以一以贯之，那么人生就少了很多烦恼。但是，往往人们在“安全”之后，就想“成就”，“成就”够了，就想“自由”。

这才是真正的人生。

走着走着，就迷茫了

丽萍是一个30岁出头的职场“白骨精”，有丰富的企业融资经验，光鲜的企业名头，耀眼的教育背景，被很多人视作“成功人士”。她约我咨询的时候，充分地表达了自己的焦虑：能不能尽快约上咨询？

在一个夏日的午后，丽萍如约而至。齐耳短发，紫红色亮丽的商务套装，白色的高跟鞋，处处显得那么干练。我请她坐下，瞄了一眼咨询材料后，还是请她再说说咨询的诉求：“我看到你说希望通过咨询了解自己的潜能，能不能具体说说？”我知道，了解潜能不是目的，不能简单地头痛医头，脚痛医脚。

“我特别想知道自己最适合干什么。”丽萍顿了顿，看到我期待她继续说下去的眼神，她补充了一句，“就目前这份职业来说，我应该是很满意了。但我就是还想知道，有没有我更适合的职业或者岗位？”

丽萍又停了下来。我知道，她在等我。

我点了点头说：“说说你的这份职业。”我必须把她拉回来。

“说什么？”丽萍一愣，显然没有收到我的邀请。我调整了问题，“做了这么多年，你喜欢你的职业吗？”

“一直没太想这个问题。大学毕业就入了这行，刚刚开始的时候，就是想怎么把工作做好。做着做着，就喜欢上了这份工作。”丽萍很真诚地说起了职业，“这些年也不容易，从一个什么都不懂的傻妞开始，一点点做起来，就是有股子闯劲。慢慢地适应了工作，到后来，能独当一面，再后来，经历了各种行业变迁、公司危机，种种历练之后，终于有自信了。”

丽萍忽然转移了话题，“不过，最近总在想一个问题：我只能做这个职业吗？我怎么感觉我和企业、和行业绑定了呢？忽然有一种危机感，如果不做这个工作，如果不在这个圈子里混，我还能做什么呢？我能不能自己独立生存？”

“为什么会有这样的想法？”我先记下两个字：价值。然后，跟上丽萍的思路。

“有段时间工作特别忙，忙得我没有了自己的生活，先生都表示了不满，我自己也特别累。”丽萍脸上露出一丝倦怠，“于是我就问自己，工作的意义到底是什么？那段时间，我特别想辞职，但还是告诉自己要冷静。我选择了休假。休假回来之后，我告诉自己：我得有价值，我想更自由。”

在不同的生涯阶段，人一定会考虑不同的问题，就像是游戏过关中的不同任务一样，跨越不了，也回避不了。

有的时候，走着走着，就迷茫了。

突然跳出的使命感

一个人一路走来，走进我的咨询室，她一定不是孤立、片断的，她过去所追求的价值也一定会影响未来。

于是，我回过来和丽萍谈她过去的职业生涯，希望从中发现些什么。

“你现在有令人羡慕、看上去还不错的职位，在你过去的职业经历中，一定发生过很多让你特有成就感的事情了？”

“也没什么大不了的事情，”丽萍谦虚地笑了笑，“我觉得，都是在关键时刻选对了一些事情，坚持了一些事情而已。”

“我看到你写的材料中，第一份工作辞职的时候，被领导挽留了。这是让你有成就感的事情吗？”我穷追不舍，直入主题。

“算是吧，第一份工作做得还不错，只是因为先生换了工作，我们家从深圳搬来北京，不得已辞职的。”

“那说说看，领导为什么极力挽留你呢？”我感觉到，这里面一定有故事。

丽萍说起了最初的那份工作，印象最深刻的是有一次组织大型会议。本来是作为助手工作的，因为主管家中遭遇变故，她临时顶上，在经验基本为零的情况下，硬是把一场大会组织得井然有序，受到了客户的热烈好评。

关于这件事，我问了很多细节。为什么当时领导没有再增派新人？为什么那么大压力的情况下，你还敢于承担？遇到不知道的事情是如何处理的？有没有想过做砸了怎么办？那些有创意的小点子都是怎么来的？不担心违背常规吗？这个过程中，是如何与领导沟通的？

我们聊了半个多小时，最后，我问丽萍："这件事在你看来，每一步都是再正常不过的选择了，你能不能提炼出关键词，来说明你这么做的原因？"

"使命感。"丽萍想都没有想就回答道。或者，是因为一直都这么想。

"使命感？你自己怎么看这个使命感？"

"赵昂老师，这么说吧，如果有可能在邓稼先和杨振宁两种生活方式中选择，我会选择邓稼先。"

看来，只有使命感能救她了。

战士无法承受之重

"现在的工作让你不再有使命感了吗？"我忽然问道。

"也不是，"丽萍也愣住了，"想做事，还是有很多可以做的。"她沉吟了一下。

"我想想看，"丽萍拿起杯子喝了口水，"其实，有几个方面的情况吧。毕竟做到了一定职位，就不再像以前那样战斗在一线了，也缺少了直接打拼的快乐，多了一些关系处理的烦恼。想做些事情，对我来说有使命感，但是确实又很难推动。我感觉自己越来越不自由了。我就在想，我是不是还有别的可能性呢？一想到可能性，我就有些沮丧，到了这个年纪，忽然发现自己的职业、生活都是如此单一。”

丽萍是一个战士，使命必达，所以在做事情的过程中会有成功的快感，而且自己也会将成功和使命感建立链接。随着职业的发展，其实可以有更多的资源来做有使命感的事情，只是丽萍并没有准备好做将军，她还是沿袭了惯性，接受有使命感的命令。**有的时候，资源也是一种诅咒**。

“你什么时候离开‘战斗’一线的？”我问丽萍。

“三年了吧，开始做一些管理工作，带团队了。”丽萍似乎想起了什么，“好像就是这几年，感觉职业出现了问题，职业倦怠。”

“你之前的上司呢？”一个战士之所以勇往直前，定有一个有领导力的将军。

“他？”丽萍有点诧异，“他跳槽了，就是因为他的离职，我才被升职了。本来想跟随他创业，因为有太多不稳定性，家人也不同意，最后还是算了。”

“如果，你原来的这个上司做你现在的这份工作，你觉得，他会怎么做？”我语速缓慢地提出了这个问题。

“嗯，他肯定比我做得好了。”然后丽萍就陷入了沉思。

此时的咨询室里，仿佛多了一个人。丽萍的上司仿佛就站在旁边，安静地注视着丽萍，又似乎要给她一些建议。

过了一会儿，丽萍抬起头：“我大概想得出来，如果现在的工作交给我原来的上司做，他会关注几个关键项目，这几个项目对企业有很大价值。”顿了顿，“嗯，我明白问题出在哪里。不是工作本身没有价值，是我的能力不足。不仅缺乏前瞻性，重要的是，我还是在躲避带团队。”

丽萍说起了三年前上司离开时的失落，说起了自己开始做管理时的手足无措，以及后来出现的逃避、倦怠。**战士的光荣来自于成功完成有使命感的任务，将军的光荣来自于认领有使命感的任务，并带领团队完成它。战士和将军之间，总有一条需要迈过去的鸿沟。**

丽萍就是掉进了这条沟里。

重返战场

我注视着丽萍，这么一个在职场上一贯积极、主动的战士，不管在什么时候，都不会随便缴械的吧？于是，我问她："丽萍，你似乎明白了自己的差距，那么你现在对自己的未来，有什么打算呢？"

"我想试试看！"丽萍似乎很有信心。

我递过去一张白纸："来，写出你看到的差距。"

丽萍一条条开始写起来：团队带领；个别员工的沟通；战略把握……

等她写完后，我在白纸上画出了分隔线，指着另外一边说："说说看，你有什么策略呢？"

丽萍抬起头："有意思，我忽然想起了之前和原来上司一起工作的感觉。"

"好想法，或许你需要寻找更多像你原上司那样的资源，去请教。"我示意她把这条策略写进去。

我和丽萍对着那些提升点，一条一条地过。十几分钟后，丽萍拿起那张纸，满意地说："嗯，这下有方向了。"

战士需要目标，明确了方向之后，自然就有了动力。

我没有忘记开始的期待："你说过希望有更多的尝试和探索，这个方面，你是怎么想的？”

“我现在有点明白了，之前是业内不满业外找。职业的倦怠，总想逃避。”丽萍点了点头，“不过，我还是会担心，再过几年，倦怠如果再来，恐怕就是真的来了。”

这也是我问她的原因，在职业能力提升到一定程度的时候，原有平台就很难满足个体的成长性了，就需要寻找新的方向进行迁移和整合。

凡事预则立。

“你尝试过什么？有什么期待吗？”

“我喜欢心理学，喜欢分享，喜欢做讲师，还喜欢帮助别人，喜欢用积极、正面的思想去影响别人。我想过做谈判专家、瑜伽教练，还有插花师。这些，我都挺感兴趣的。”丽萍一连串说出了好几个喜欢。

“我看到你希望找一个未来发展的方向，既能实现自己的使命感，又能满足自己的兴趣。是这样的吗？”我确认道。

“嗯，是的。”丽萍答道。

“你现在处在一个很重要的节点，为了管理未来的生涯，你需要做两件事：探索可能性，提升可迁移的技能。既然你看到了目前职业的提升点，那么未来三五年的努力计划就是清晰可见的了。与此同时，你要主动拓展自己的视野范围，尝试进入不同的兴趣领域，从而在摸索中发现自己真正感兴趣的项目。从业余完成兼职，进而越玩越专业。这个过程中，你会发现，原来很多的积累都可以迁移过来，你不必从零开始，而是经过一段适应期后，直接切入。提醒注意，这个切换阶段，需要用心，也需要更多的投入。”

丽萍点了点头：“我真的感觉到了自己的那个方向，我比任何时候都踏实。我一直都觉得‘成长’比‘成功’重要，或许，就是这样的体验吧。曾经有一次领导问我，什么样的人是强者。我当时的回答是，做自己。现在看来，我太喜欢自己这个答案了。”

丽萍开心地离开了，虽然没带走任何明确的答案。

很多时候，我们都不需要一个所谓的答案，当我们身处黑暗时，我们只需要一束光，来照亮前行的路。

光，在我们自己心里。

转弯看见

职场上，有人是战士型，执行能力强，冲锋陷阵，使命必达。战士型的人很容易遇到的职业瓶颈是：遇人不淑，领导者领导不力，没有方向感和归属感，或是进入了持续战斗的节奏，产生职业倦怠。不必归咎谁的责任，看到了，就改善了：给自己找方向，或者，找一个可以带领自己的领导者。

拔掉晋升后的刺

职场是一个江湖，初涉江湖的人会听到很多传说：关于趋炎附势的，关于左右逢源的，关于扶摇直上的，也有关于打压排挤的。有趣的是，更多的人在一个个传说的规则中变得温顺而驯服，不管曾经是众星捧月的学霸，还是猫狗嫌弃的学渣，都希望在江湖中重新树立自己的人生坐标，以少年老成的方式，从听到的传说里。

职场的江湖被传说得越来越险恶，越来越冷漠，以至于职场成为一个人青春年少热血贲张浪漫理想的坟墓。与其说职场是被传说毁掉的，不如说是被内在那个恶意的揣测所封闭的。这样的揣测构成一堵墙，将人们隔离在不同的地方，只得去走迷宫，人们宁可绕迷宫也不愿透过墙看看彼此。于是，那些走不出迷宫的，走得辛苦的，就来寻求职业咨询了，目标就是——改善职场关系。

升职后遇挫

文淑是一个女汉子，从收纳的简历上，我感觉到了她的彪悍，法律科班出身，进入外企做法务，不到十年的时间，就做到了企业在中国区的法务总监。

我猜测，一般在30岁左右的女性，可能面临的就是家庭平衡和事业发展的问题，生娃还是继续发展，这是一个普遍的问题。

然而，文淑要咨询的问题，不是这样。

文淑让我帮她分析离职的利弊，规划未来发展的可能性。如果离职了，未来职业向何处去？

离职？令人垂涎的职业发展，何故想到离职呢？

文淑说：“我感觉自己被逼得没有退路了。就是某人在工作中处处和我作对，我又斗不过他，这样的工作状态太痛苦了。”

看来，是职场的人际关系问题了。

“别着急，说说你的职业经历吧。”我提示她说说来龙去脉。

文淑的职业发展加速是在三年前，在一次知识产权的法律纠纷处理中，她因出色的表现被老板赏识，加上机缘巧合，连升两级。从部门副经理直接升职负责整个中国区全面的法务工作，这让文淑着实有了成就感。

但是福祸相依，她很快就发现了晋升带来的问题：因为她的升职，所以挡住了别人原本计划内的职业发展之路。之前的上司现在成为同级，文淑“轻而易举”“毫无征兆”地跳到了前面去，于是她就成了别人愤恨的靶子。

升职之后不久，老板就被调回总部。新任老板不太了解情况，只是对原有人马保持距离。这时候，文淑的人际交往短板就出现了，那个把她当作假想敌的同事就展开了各种攻势，工作上不配合、质疑、挑战，种种打击让文淑备受挫折，心生退意。

无辜地被别人误会，或是躺枪，这样的事情在职场经常发生，不是因为做错了什么，而是因为不同的轨迹碰撞在了一起。

这样的状况下，**最好的解决办法就是沿着自己的轨迹，不要拐弯，快速穿越。彪悍的人生不需要解释，把注意力集中在自己的事情上，让一切变化尽快固化，自然就切换到新的轨道上来。**

我只想做一个安静的女子

“你有什么打算呢？”我想听听她对职场形势的判断。

“我真的想辞职了！”文淑说得既愤怒，又无奈，“这样的状态已经持续半年了。我明显感觉到他处处在给我下绊子，在老板面前说我坏话。现在，老板也对我开始不满意了。这样继续做下去，又有什么意思呢？”

有点迟疑后，文淑说：“我的担心，就是出去后可能不会有这么好的职位了。我本来打算在企业里再历练几年，利用企业的资源多学习，然后出来做专业的律师。现在，可能专业水平还差一些。”

我明显感觉到她不愿意离职。事情是否真的那么糟糕并不重要，**摆脱困扰的最好方式就是无视它，而且有自己的方向。**

我问了她一个问题：“如果是一台车，你希望自己是一台什么车？”

文淑说：“就是一般的家用车吧，经济耐用，我是希望自己也能够安静地生活。”听得出来，文淑并不想卷入各种职场斗争中。

忽然，文淑改变了主意：“其实我不想是一台车，我想是一架飞机。就只是飞行，没有堵车。”看来，她迷恋的是环境和事业，嫌恶的是故障和阻碍。

我说：“看来，你似乎就只想专心做法务了？”

文淑点头。

“那么，现在这个职位似乎是你的一个累赘了？除了薪酬，并没有带给你更多的价值，反倒给你招来了各种麻烦。”我试图帮她拨开困扰。

“有道理，”文淑听出了我的话外音，“不过，我得对得起之前的老板，对得起他的信任。”这才是真心话。

“看来，离职并不是你期待的选项。那么，我们看看你的汽车卡在哪里了吧？你的这个同事，为什么屡屡‘陷害’能够得手？”

当你被生活中的各种困难打得毫无招架之力的时候，不要把自己放在对方的评价体系中，反而需要跳出来看看为了你想要的价值，你该做些什么。“没有能力”“不负责任”“投机取巧”，这都是别人给你念的咒语。

文淑开始分析了：“新老板的不认可，也有自己的原因，自己对很多业务都不熟悉，能力有待提升，工作推进有难度……”

“噢，似乎很多原因都和你自己有关呢！看上去，你的同事总在选择你的软肋发动攻击，而你又被他处处击到。”

文淑点头默认了。

善意地主动破除隔膜

我看到的是下一步行动：

“不管是离职做专业律师，还是在现有职位上持续提升职业价值，或者是对得起之前的老板，有些能力是一定要提升了。**在职场上，一般来说，转换的成本要比调整的成本高，那就不妨先尝试调整的可能性。**”

文淑点头表示认同。怎么做呢？

根据文淑分析的内容，药方很容易开出来：

1. 先和老板沟通你目前的焦虑，争取更多的理解和支持。**主动认㞞也是一种策略，职场上都是明眼人，自己有些不足，不掩饰反倒显得主动**。

2. 和老板一起分析工作情况，并制订出自己的业务能力提升计划，给自己一个期限，让老板看到自己的努力。

3. 把同事的指责当作提升点，保持自己的节奏，逐步提升。与此同时，不必对评价产生情绪，把精力放在工作上。

文淑思维敏捷，视角调整好，自然就看到了方向。

我告诉她，如果调整不成，再考虑转换。

几天后，我接到了反馈：文淑决定不辞职了。

和老板谈话之后，她发现，原来老板对她的整体反馈还是很好的，虽然也意识到在某些业务上对她不满意，但依然愿意接受她目前的成长速度，而且已经为她向总部申请专业培训和督导。文淑说，谈话改变了命运。

在处理人际关系的时候，很多方法我们都会用，也一直在讲，比如沟通。但是沟通只是个技术活吗？有没有想过，**沟通是为了打通人际之墙，这堵墙，可能就是起初的恶意揣测建立起来的。恶意，不一定都是敌意，还有可能是消极的，引向恶果的**。比如对老板，文淑开始就恶意地揣测老板嫌弃她、鄙视她，于是加深了沟通的难度，加大了沟通障碍，以至于成为难以翻盘的职业危机。

对不知道的事情，我们如果选择了善意地理解，或许会让我们更有动力。职场远没有那么冷漠和险恶，我们也不必少年老成。

事业发展离不开与生活的平衡，咨询结束的时候，我祝愿文淑成功且幸福。

沟通是为了打通人际之墙，
这堵墙，
可能就是起初的恶意揣测建立起来的。

转弯看见

职场人际关系的处理难点在于：双方各怀“恶意”揣测，把对方列为“假想敌”，从一件小事开始，建立起自己的壁垒。解决方法是：评估关系的实质利益点，以开放合作的心态主动沟通，在大家的一致点上建立共识，存疑点上搁置，不同点上我行我素，快速通过。如果足够开放，你就足够强大。

通关职业断奶期

作为父母，我们知道，到了一定时期，母乳的营养已经不能满足孩子生长发育的要求了，孩子需要通过进食其他食物补充营养。

但是，一方面孩子需要妈妈的乳房来获得安慰，另一方面孩子的母亲下不了这个狠心。所以，断奶那几天，孩子哭，父母也于心不忍，无论对孩子，还是对父母都是一种折磨。然而断奶过后会发现，孩子的饭量增长了一倍，个子也长得快了。

这是生活常识，也是生存规律。**要想成长，就要经历一些痛苦。初入职场的人，也要经历一个断奶期。**

职场跳跳鱼

故事的主角名叫Elly，一个90后女孩。我看了她的咨询收纳表后不禁感叹："现在的孩子比我当年还不着调啊，这个女孩竟然在毕业后的两年时间里，'认真地'换过三份工作。"

"赵昂老师。"咨询室门口站着一个怯生生的女孩。

“你好，是Elly吧？请进！”我起身把她让进来。

“我看了你的咨询收纳表，你是期待通过咨询找到适合你的工作，是吗？”坐下以后，我主动提问道。

“嗯，是的。”Elly好像没什么更多的话。

“还有别的期待吗？”

“没有了。”Elly忽然想起了什么，“我希望找到自己的优势和特长，我希望找到可以发挥自己能力的工作。”

“嗯，好的，”我记下来，“还有吗？”

“没有了。老师，我这次来咨询其实是瞒着父母的，他们不知道，也不同意。”“为什么呢？”看来这里面有故事。“我父母不相信职业规划，认为这都是骗人的。”

“那你怎么看呢？”“我了解了很多，我相信的。”“嗯，看来你父母的观点对你也很重要。”“是的。但我和父母的观点总也不一致。”

“哦？总不一致？”我的这个问题，引发了Elly对职业经历的回顾。

英语专业毕业后，父母希望她能回家乡工作，认为女孩子离父母近一点好。而Elly自己却希望体验不同的生活。从这个时候，Elly就开始和父母闹别扭了。

“我希望自由独立。”Elly这么说。

但是，Elly的自由之路却并不顺利。

她在省会城市找了一份中学英语课程顾问的职位，做销售。整天的业绩压力让Elly身心疲惫，碰巧遇上了一个强势的上司，受了几次委屈之后开始发火，干了不到半年，Elly就辞职了。

辞职后去了上海，在一家知名的中学英语教育机构，Elly成功应聘了教师岗位。没想到的是，入职培训之后，她被派到一个偏僻的校区。

于是，工作中又出现了诸多的不满意：之前谈好的待遇没有落实，环境又不满意，讲课的时候遇到了挑战。于是，就又辞职了。

几次下来，Elly对自己产生了怀疑：是不是我的能力不行？是不是我的性格与大家不能很好相处？或许，是我没找到适合的工作？

她选择了“漂”的状态。

父母开始“智慧”了：看看怎么样，不听老人言。

过年的时候回到家，被父母努力“规劝”，她留了下来。通过熟人介绍，她进了家乡一家英语早教机构做老师。

“我其实挺喜欢教育的，也很喜欢孩子，”Elly这么说那份工作，“但是这家机构和我的很多想法都不一致。”于是，Elly又辞职了。

这次来到北京，Elly有两个想法：做咨询；找工作。

职场新人遇到的三种挫折

Elly的情况很典型：生活一直被父母规划着、负责着，在初入职场时，就急于独立，急于证明自己，期待有属于自己的自由，于是就有了各种尝试。

但他们一定要面对这样的可能性：**一个缺乏职场历练，长期被“圈养”而又希望独立有所作为的人，一定会受到各种挫折的打击。**

打击一般源自三方面：

一、缺乏职业思维。职场和学校是用完全不同的方式来获得认可的，换了场景，却换不过来思维，势必要受点打击。而有些人在学校的时候极少涉猎社会实践，就更不知道如何将自己的所学在工作中用出来了。表现出来的就是：不知怎么做，也不知该怎么学，业绩上不来，焦虑到郁闷。

二、人际关系危机。在学校的时候，打交道的除了父母、老师，就是同学、同龄人，关系相对简单。而职场中则要和不同年龄、不同背景、不同观点的人一起工作。即便同事之间也有各种分类，领导、前辈、新人、老鸟。关系的复杂甚至超过了做事情本身，虽不需八面玲珑，但也要好生注意。

三、理想化职场。初入职场的很多人都是一边带着焦虑和紧张，一边又兴奋地带着憧憬和向往：期待自己可以一举独立。可是后来发现花钱容易，挣钱难。于是，就会在依赖父母和自力更生之间犹豫徘徊。当稚嫩的肩膀扛上生活的压力，火辣辣的肩头就会问自己：是不是我的选择是错的呢？不会是搞错了吧？有没有更适合我的工作呢？

初入职场，遭遇了失败之后会有各种表现：或退缩，或奋起，或再接再厉。还有一种典型的表现——逃避。通过换工作逃避，通过换城市逃避，通过找自己的优势逃避。

Elly就是来找我要“优势”的。

我想起一位咨询师给我讲过的一个故事：她说，当来询者迫切想要从咨询师这里得到一样东西的时候，就像是一个孩子想要拿到一块糖，那我们就给他，然后，再问他：你会怎么做？

我决定先把“糖”给Elly。

拿到通关攻略

Elly就是想知道自己有什么优势，适合什么职业。我知道，选择代替不了适应。我还知道，说教代替不了体验。

我先和Elly分析她的优势，在一件件职业的成就故事里，希望她能找到自信。

Elly的优势非常突出：很有勇气，敢于突破，敢于尝试；陌生环境的人际关系适应性很强，我们发现在每份工作中，她都能很快融入团队，而且可以和同事搞好关系。

这两个优势的发现让Elly既开心又纠结："这样的优势有什么用呢？"是的，还需要一个着力点。这些优势并没有让Elly在过去有一个延续的"成功"，反倒成为被人诟病的"折腾"。

着力点是Elly过去的知识经验：外语、教育培训。

"我总感觉这些职业都不适合我啊！"Elly有些着急，感觉似乎又绕回来了。

"适合的工作有哪些标准呢？"我问道，这是一个合适的切入点。

Elly犹豫了，这个问题还真没好好想过。**人们总是会被自己不喜欢的事情束缚，对自己渴望和期待的东西却缺少关注**。于是，我又开始和Elly梳理她对理想工作的诉求。分析下来，有三个是Elly特别看重的：生活方式、人际关系和安全感。

其实在分析的过程中，Elly自己的目标就出现了：我还是想做教育，或许家庭教育是我的一个方向。

好的，先不要急着做决定，我按住了Elly那颗勇敢的心，还有别的选项吗？比如幼儿教育，比如教育培训机构的课程顾问，这都是从你的资源中能看到的。如果拿不准，我们就再进行一些职业调查来看看吧。

以后的两次咨询中，我们每次都根据她对职业的了解进行分析。我们发现，在现实中的职业状况和Elly想当然的情况有很大的差别，有沮丧、有惊讶、有欣喜、有恍然大悟。每次我都会安慰Elly多做一些尝试和了解，我知道职业调查其实是在补课，补之前她在学校的时候对职场、对职业缺乏了解的一课。

调查过程中，Elly访谈了做出优秀业绩的销售，也和工作过十年的幼教老师聊过，还调查了之前了解不多的成人教育。每次我都会问她：“你最大的收获是什么？和你之前的理解有什么不同？”

我知道，这个过程急不得，合适的职业不仅要找职业，更要找到自己，只有匹配了合适的职业状态，那个合适的职业才会出现。这段时间是必需的成本。

几次下来，Elly的状态越来越好了，眼神里带着坚定。我知道，她已经学会如何找适合自己的工作了。

我把前几次Elly自己总结的收获拿出来，递给她说：“你看，这就是你的新人任务通关攻略，找到一个你现在认可的职业，把这些你能看到的能力都提升上来，你就升级了！”

咨询的最后，我提醒Elly注意：她的优势是勇气可嘉，但是要看到她的勇气总是用在面对新的工作尝试上，在持续做好一份工作时勇气不足，甚至总是逃避。

Elly似有所悟。

我问她：“再来回顾几次职业变迁的经历，你有什么启发？”

Elly说：“我过去的尝试其实是有意义的，让我知道了我会喜欢什么样的工作。咨询中的一些探索也很有价值，我对自己的认识更清楚了。”

在生涯发展中，探索与尝试其实都是非常有价值的，不仅对未来发展有价值，而且本身就是生涯发展中重要的部分。如果不懂得这个道理，就会活在以为浪费生命的哀怨和愤怒中，不会享受成长的快乐。

“好了，我们的咨询即将结束，”我开始收尾了，“你的善解人意和开朗的性格都给我留下了深刻的印象。在未来的职业发展中，如果有需要还可以联系我，我会尽量给你支持的。”

“真的可以再找您吗？”

“可以的，”我微笑着点了点头，“不过，我相信你已经具备了自我探索的能力，小问题都难不倒你了。”Elly也笑了。

新人入职场，带着内心的不坚定，在寻找一个幻象里的最佳答案。就像初断奶的孩子，内心焦虑，步履蹒跚摇摆。咨询师要做的，不是坚定这个答案，而是帮来询者一起找到可以坚定的力量。

断奶期，断奶不是目的，更好地成长才是目的。

人们总是会被自己不喜欢的事情束缚，
对自己渴望的东西缺少关注。

转弯看见

不管哪个生涯阶段，新入一个领域都会有一段需要低调的适应期。低调是一种态度，是面对未知的谦卑和养精蓄锐的智慧。在这段适应期里，没有什么比提升能力更值得做的了。不必纠结于选择，不仅是没得选，更是没能力选。与其盲目纠结，不如先发展起来，认真的积累不会白费。

死磕恐惧清单

我们在展望未来的时候，有些想法会若隐若现，一边是笃定的心向往之，一边又似有重重障碍难以跨越。

时间久了，也就愈加搞不清楚自己的定位了，不知道自己到底适合什么，到底能做什么。

时间久了，就会盘踞在熟悉的领域，越来越无能，一面呼唤着理想，寻找着定位，一面又在捍卫无能中，变成了侏儒。

忙得没有意义

一个周三的上午，我坐在了咖啡馆靠窗的位置，看着窗外川流不息的汽车，匆匆赶路的人们。

我在等一个来询者——徐玲——一家知名培训机构的英语老师。医学专业硕士毕业，本来是硕博连读的，读着读着读不下去了，不愿意做实验，不愿意写病历，不愿意分析数据，所有医生要做的事情似乎都不喜欢。于是，本来的博士学位也不要了，直接硕士出关。开始还找了一个与医药相关的工作，在医药公司做研发，后来直接辞职。靠着自己英语不错，上学的时候考过托福，考过雅思，于是就转行做起了英语培训。

我猜测，这是一个自我探索的勇士，同时探索尚未定向，不能从纠结中解脱。

比预约的时间晚了五分钟，徐玲满头大汗地坐在我面前："抱歉，赵昂老师，有个学生给我打电话，请我帮她解决问题，来晚了。"

我打量了下徐玲，穿着朴素，微胖，眉头似乎皱着，语速快，说话的时候，眼珠转动得也很快。"没关系，喝点水吧。"我招呼道。

她缓了缓说道："我们做英语培训的，看上去很自由，可是忙起来能把人忙死，有时候好几个月没有休息时间，一直讲课。"徐玲已经开始讲自己的工作了，我忙接过去："培训讲师确实是忙，也让很多人羡慕。那么，你目前的困惑是什么呢？"

"忙得没有意义，这或许就是来找您做咨询的主要原因吧。"徐玲讲起了她的职业困惑：讲师做了两年，已经没有太多新奇感了，重复、大量而有压力的重复是让徐玲不想再做老师的主要原因。"在工作中，做老师有时候确实能改变人，那是应试培训之外的事情，也会得到学生们的认可。"

当一个人感觉忙得没有意义的时候，就已经走到理想的大门前了。你是会徘徊之后走开，还是会叩响大门？

理想出现，杀手也出现

我很好奇徐玲的探索，问她："你对自己的发展，有什么期待吗？"

"我特别喜欢人文社科领域。"徐玲开始讲起了自己的兴趣。她讲自己喜欢哲学、喜欢历史、喜欢心理学、喜欢社会学，偏偏大学的专业选了一个理工类的医学。她现在有很多对梦想的憧憬，然后用了几个特别特别想：“我特别特别想在国外做严谨的科学研究，特别特别想通过研究社会科学来提升自己认知社会的能力，特别特别想在自己能力提升之后，可以做一些对社会有益的事情。”

“有什么具体目标吗？”这样的描述显得有点笼统。

“嗯。”徐玲有些犹豫。

我看得出来，犹豫得要接近问题了。于是问：“在你的想法里，有自我实现，有助人，有智慧，是这样的吗？”我不管她的犹豫，继续推动她说出自己的想法。

“老师，你说得对，我也一直在想这个问题。我不想只看目标，而忽略目标背后的价值。”我认同地点点头，徐玲继续慢慢地说，“其实，我就是想追求智慧。”

在徐玲看来，与智慧相比，其他的价值都会退后。她甚至给自己勾画了一个理想的场景：致力于某个社会问题的研究，和一群智慧的人有着思想上的碰撞，自己的研究推动着社会的发展，给人们带来更多的价值。

看上去似乎很清晰了，我知道，真正的问题也就要出现了：“这样一个美好的理想，你会为它做些什么？”

如果来询者还能顺利地讲出接下来的计划，咨询基本上就可以结束了，但往往这时候纠结和困难也要出现了：**不可能，不确定，不容易，是理想的三个杀手。**

果然，徐玲说：“赵昂老师，我这样的想法可以实现吗？我怎么觉得自己在做梦呢？我的专业不对口，想做研究还得继续读书，我又看不上国内的研究氛围，出国的话需要很大一笔费用，我现在30岁了，刚刚结婚，家庭也需要钱。而且，我之前的职业变换让我没什么积蓄。有没有一个能整合我所有需要的职业呢？能满足兴趣，又能不让我纠结的？”

理想的三个杀手出现了：

不可能：我怎么像是在做梦？

不确定：还有没有别的可能性？

不容易：实现起来太困难了！

不可能，要搞清楚对不可能的担心是什么。很多时候，人们只是来寻求一个确认。

不确定，很正常，只有分析了资源，再拉回到现实中，看清第一步，确定性就有了。

不容易，是一定要面对的。容易的想法不是理想，是计划。把不容易实现的理想变成计划，需要勇气和智慧。

恐惧清单

这三类问题总是很容易混在一起。内心有恐惧，所以告诉自己不可能，回来找退路：还有没有别的可能性？

一切，皆因恐惧而来。

我要帮她逼出恐惧：“对这个理想，你的担心是什么？”

徐玲沉吟道：“我觉得这些理想不一定能够实现，太陌生了，我感觉这些梦想似乎不是自己的。如果我觉得自己可以胜任的事情，不管别人认为有多难，我都会去做，而一旦我自己有担心，我就不敢有任何行动。事实上，我有拖延的毛病。”

这是一种随时启动的安全保护，**我们无法达成理想、不能有所行动、总是会拖延的一个主要原因就是：内心有恐惧，却从未去直视它。对付恐惧的方法，就是先看清这种恐惧。恐惧清单，就是让你和恐惧有一个近身肉搏战。**

我给徐玲一张白纸，让她写下所有的恐惧，越具体越好。

然后我逐项问她：“如果这样的情况发生，那会怎么样？”一直问下去，直到她回答：“就只能这样了。”

对每项恐惧按照影响程度打分，然后把那些可以接受，可以避免，可以预防的项暂且打钩。

然后从剩余的恐惧中，找出最先克服的三项。

徐玲因为停留在理想中太久了，以至于以为那永远只能是理想。一旦将理想和自己链接，内心的恐惧会先将其拒之门外。

对付恐惧，先看清，就解决了一大半。然后，准备死磕。

谋生的撕扯

“可是，赵昂老师，这不仅是我的担心和恐惧，也确实是困难啊。读书需要钱，家里需要钱，父母那边也需要钱，这是一个最大的问题了。”徐玲指着白纸说。

我迅速地做着判断，来询者处于两类需求的撕扯之中：**一方面是谋生，另一方面是自我实现。如果简单地说先实现哪一方面的需求，其实是没有意义的，既然被撕扯，对来询者来说，两个方面都很重要。**

我想，与其纠结理想，不如直接拉到地面上来：“看来，你的主要问题是经济问题，那么说说你的收入情况，还有你的支出情况，以及你自我实现需要的经济储备。”我顿了下，“不必列出具体数字，只列出项目就好。当然，这些也都会保密。”

这居然是徐玲没算过的账！很多时候，**我们的恐惧都是源于内心那个看不见的小鬼，一直在说话，可总也不见面**。

一张白纸，分为两半，一边是收入，一边是支出。算下来，收入并不少，但好像支出都是看着收入做的，有多少花多少。支出项目里，都给了父母、兄弟姐妹，即便他们似乎并不缺钱。

“这些支出对你的价值是什么？”我的这个问题让徐玲沉默了很久。

“我只是想让他们都过得好一些，但是他们似乎又不领情，一点都不体谅我，我这么辛苦地讲课，挣的钱给他们，如果有件事没满足他们，就会落下埋怨。”徐玲似乎很委屈。

“你充满了怨气，这又怪谁呢？你在做着讨好别人的事情，这种**讨好是把自己的价值绑定在了别人身上，一旦从别人那里拿不到自己想要的，就会有失落，就会觉得自己不值得**。所以，你在谋生上的付出会让你更加失去自我，更加不独立，内心的挣扎就会更加剧烈。”徐玲显然被击中了，开始落泪，为着那个不值得的自己。

算算看，如果不为讨好，你的支出又会怎样？

徐玲认真地浏览那份支出账单，慢慢地画掉一些项目。出乎意料地，她又添加了一项，那是和家人一起旅游。她说，那是她希望享受的时光。

算完理想账，徐玲慢慢抬起头说：“我明白了，对于理想，我其实既恐惧，又焦虑。找到自己的节奏，实现理想的过程会让自己充实而快乐。”

值得做的事情都不那么容易。我在白纸的空白处写下了一句话：**你**

是愿意死在追求梦想的路上，还是愿意死在遗憾于梦想没有实现的床上?

我告诉徐玲，如果再有质疑，你就问问自己。

咨询做完，我独自一人在咖啡馆发呆。

脑海里忽然浮现出一幅画面：每个来咨询的人都挑着一副担子，气喘吁吁地奔过来，向我求一件神器，可以举重若轻、健步如飞的神器。咨询结束，要么是放下了担子，要么是调整了平衡，要么是恢复了体力，要么是换了换路程，担子还是那副担子，挑夫还是那个挑夫，不分裂，不纠结，力量自然就产生了。

不可能，
不确定，
不容易，
是理想的三个杀手。

转弯看见

我们对生活和工作的美好期待往往被扼杀在萌芽阶段，甚至还没有开始，就会有三种念头：这不可能吧？一定会这样吗？会不会很难？我们止步于恐惧，而非能力资源的限制。干掉恐惧的方法简单易行：具体地写出来所有的恐惧，然后，像小学生考试一样，把会解的题目做对，不会的，先放弃。

理想是现实土壤上开的花

有一种说法：理想丰满，现实骨感。仿佛现实总是和理想对立着，其实不然，这句话有着极强的迷惑性，是一些生活上的loser拿来迷惑奋斗者的。

理想之所以是理想，因为那是对未来的期待；现实之所以是现实，因为那是现状的存在；**真正的梦想家是那些善于让理想成为未来现实的人。**

小超人的迷茫

小艺是车辆工程专业毕业的文艺小清新，父母都是很本分的小城市工薪阶层。当初给小艺报专业的时候就是听到一个亲戚说，未来的中国人一定会家家都有小汽车，男孩子要学一些超前的理工类专业，这样也好有一技傍身。

可是，小艺不满意。

理工男，是一个无可奈何的选择，因为比较聪明，学习成绩还可以，就读了理工科，然后又稀里糊涂地读了汽车专业。从进入大学的那一天起，小艺就做好了准备：毕业坚决不做“汽车男”！

有了这样的决定，小艺把大学上得有声有色。学习上，及格万岁。业余时间，小艺全都投入自己喜欢的事情上：架子鼓、街头篮球、街舞、音乐制作、魔术……当然，还有就是追女孩子。

这是一个典型的快乐大男孩，活得一点都不拧巴。谁说现实总跟不上理想的脚步？那是自己的行动跟不上理想的脚步！

小艺就是一路这么玩过来的，玩得还蛮成功：玩出一个乐队，玩成篮球队的主力，玩成院系各种表演的主角。大四的时候，他又一次颠覆了别人对他的看法，只用了半年时间，他就通过了英语六级考试，并且成功应聘了一家知名培训机构的兼职英语教师。于是，大四的时候，别的同学纷纷开始忙着求职，小艺已经有了培训机构的offer，并且实现了初步的“财务自由”。

到这里，他可能就是你一个同学的缩影，是个洒脱得让人羡慕的“小超人”。

从生涯发展的角度来说，小艺早早地进行了自我探索，而且结果还不错。其中，勇于尝试自己喜欢的事情是主要原因。在大学期间，各种尝试从客观上来讲其实都是最少束缚和最多资源的。有勇气去玩，其实才是最重要的。

有尝试，就会有失败，也会有迷茫。小艺也不可避免地遇到了很多困难，找到我做咨询的时候，他希望我帮他找找方向。

“我看得清短期目标，但是看不清长期方向。”一米八的个子，穿着简单、自然，有着不同于同龄人的从容和淡定，小艺的眼神里有一种渴望，也有一种迷茫的焦虑。

“毕业以后这几年，我一直都在做英语培训，做得还不错。去年开始，和一个朋友创业搞了一个网站，做音乐的在线培训，也是我很喜欢的事情。现在，女朋友的家人总觉得我不靠谱，希望我能跟着他们家人一起做些生意，早早安家。”小艺说了自己大学毕业后的一些变化，“这些选项我倒是都不排斥。不过，哪个才是我最适合长期发展的呢？”

理想不够丰满

“你对长期方向的期待是什么？”咨询，就是探索的过程。

“做培训，我擅长但又觉得不长久。玩音乐，我喜欢，但又不想把这样的兴趣变成辛苦的工作。女友的家人还认为我是块做生意的材料，一定能赚大钱。”小艺接着说，“于是，我就迷茫了，培训、英语、音乐、做生意，我到底哪方面的能力最强？我最适合做什么呢？”

“说说看，为什么别人会认为你有做生意的能力呢？”我发现，这是一个没有讲到的领域。

于是，小艺开始说起了他做音乐培训的经历。

有一次，小艺在自己的课上嘚瑟，卖弄自己的音乐才艺，享受着被众多学生粉丝们追捧的感觉。有一个学员就私信问小艺：“老师，您能教我们音乐吗？”一个问题，竟然引发了小艺的思考：一边是很多人和自己当年一样，希望将音乐作为兴趣来学习；一边是有些搞音乐的朋友，把音乐视为自己的信仰，却屡屡不得志，做的唱片卖不出去，也没有特别满意的工作，生活比较潦倒。

在做了一轮市场调研后，小艺就说服一个搞音乐的朋友一起来开班教音乐。自己又做了大量的培训宣传、招生、组织、管理等工作，开了一期线上的音乐制作培训。

慢慢地，这种培训居然有了不错的口碑和稳定的生源，每月竟然能带来数万元的收入，让自己那个做音乐的朋友也特别开心。

这是小艺的一次赚钱经历，女友的家人了解到之后，极力劝说他一起做生意。他们现在做的是一些店铺，但是想赶上互联网的潮流，又不会弄。看到“未来女婿”如此多才，就准备拉过来一起赚钱。

培训、英语、音乐，这些都是显而易见的了。我却看到了小艺更多的能力：对市场的敏感度、创造力，以及勇于创业的魄力。而这些能力没有很好地发挥作用，于是，小艺就会感觉短期的每个目标都不那么给力。

或者说，理想，不够丰满。

天赋让理想丰满

我尝试和小艺一起探索下新的可能：“小艺，我发现你在创业上特别有天赋，对市场特别敏感。”

“是的，我的朋友们也这么说，我曾经投资和好几个伙伴创业一些小项目，都还做得不错。不过，老师，这也是我想问您的。”小艺的问题来了，“我总会有新的点子，而且被验证过还不错，但是在具体的执行上，我就不太喜欢，而且也不是特别地擅长。还有未来的趋势和发展方向，也感觉自己把握不好。”

“每个人都有自己擅长的部分，利用优势就好了。至于方向，积累够了，才能说到把握准确。”我开始讲我看到的。

“我看到了另外一种可能性，说给你听听。你有创业的点子和魄力，不妨持续尝试各种创业，把创业当成正经事来做。或许，这个过程中会探索出来你新的领域。同时，你对市场的敏感和创意，可以在未来尝试做天使投资人。然后把你在创业中积累的经验和你自己的天赋运用出来。"

"天使投资人？"小艺的眼睛亮了起来，"我还从没想过。"

"是的，这或许像你之前所有的兴趣一样，值得探索。当然，你现在需要积累创业经验、资源、开阔视野。"我想，**理想开始丰满之后，现实才不会那么索然无味。**

"这倒是一个很值得探索的方向呢！"小艺有些兴奋，思绪已经飞了。

小艺本就是一个追求生活多元化的人，做有兴趣的事情是他期待的生活方式。一旦生活陷入没有挑战、有迹可循的状态时，方向就丢失了。这时候，需要一些可能性让他开始新的探索，随着经验、阅历、视野、资源的积累，小艺一定会找到一个更大的愿景持续追寻的。

理想，就是天赋向前一步。

现实让理想开花

理想，源于现实，要让它在现实之上开花。

"不过，"小艺有些沉吟道，"我还是有一些不安。我做过一些创业项目，觉得创业可能不那么简单，甚至会很难。特别是在初期的时候，什么都要做，什么都要学。同时还面临一个新的想法被模仿、山寨，要面临团队组建问题。"小艺显然有过经验，担心也更多，"我觉得有些兴奋的同时，又感觉有点渺茫。有些吸引人，又觉得离自己有点远。我担心自己迈不过创业这道关。"

理想如果仅仅是现实的延续，就会索然无味。但是**看不到理想和现**

实的链接，理想又会成为无根之木。

理想一定是长在现实之上的。

“我理解你的感受，我们不妨更加具体地去看看当下创业这件事。梳理清楚了，才知道如何面对。以你现在开培训班这件事来说，你有明确的目标和计划吗？”我帮小艺逐步展开。

“目标很明确了：我希望开齐五个班，3名以上讲师，团队组建齐备，持续满班，月入10万元，粉丝量达到8万，转介率超过50%。”看来，小艺自己一直在想这件事，说起来不假思索。

“这是你对这个项目最理想的期待吗？”我补充了一句。

“嗯，”小艺思考了一下，“我希望这个创业项目有品牌效应吧，如果能吸引来投资就更好了。我还是希望把这件事做大一些，我希望更多热爱音乐的人能互相交流，能活得好一些。”

“那么，计划怎么做？”我拿出白纸。

“有些想法，但是有些凌乱。”

“好的，你说我写，我们一起把它们梳理出来。”

小艺一只手托着腮，一边思索，一边讲。半个小时过去了，我在白纸上写满了林林总总的计划。

“来，我们给它们分分类。”我开始用彩笔分类：讲师、营销、客服、团队。分成了四类，每类下面有多项任务。

我把白纸摊开，指着另外一半说：“如果让你以投资人的眼光来看，这些计划有什么风险吗？”

“有的有的，团队很容易出问题，讲师的意愿度也不一定很强，营销如果不给力，招生也会是问题……”小艺一边说，我一边记录。

“为了避免这些风险，你会做些什么？”我准备在行动计划一栏继续补充。

说着说着，小艺忽然问："有些风险真的不知道怎么避免，比如向网络营销高手请教，不管怎么努力，人家就是没有意愿做更多交流。这怎么办呢？"

"遇到这种需要别人配合才能完成的事情，你一般都会怎么努力呢？"我反问道。

"表达诚意，借助人脉资源，真不行，就多找几个高手。再不行，就算了。"小艺是有对策的。

"算了的意思是？"我继续问。

"自己研究呗，多实践，大不了失败几次。"小艺自己有底线的。

"看来最终的风险你是可以承受的。"我让小艺没有了担心。

所有的梦想都是有风险的，没有风险的梦想不值得拥有，只要风险的程度能够承担就可以了。

如此，我们反复对计划确认了好几次，直到小艺说："这下总算踏实了。"

我们重新做了一遍梳理，从未来的天使投资人，到近期的多项并行，到最近的创业项目实施推进。当一份行动计划最终落到纸面的时候，小艺说："我最大的收获不仅是这份计划，更重要的是分析思路，将目标、计划、风险分开来看，没有解决不了的问题。这对我的创业特别有帮助，我想，未来做天使投资人也用得着吧！"

理想必须丰满，否则就不值得拥有，只是丰满的程度一定要掌握好。理想就像是从现实土壤上长出的花，现实土壤越肥沃，花朵就会开得越艳丽。理想让现实有了方向，现实让理想有了依托。

真正的梦想家是那些善于让理想成为未来现实的人。

转弯看见

丰满理想的方法：直接或间接接触不断创造奇迹、实现梦想的人，见证梦想的实现，从而相信梦想在自己身上实现的可能性；接触与兴趣相关的专业圈子，更多地了解梦想实现没那么简单，也没那么难；不断实践，小步快跑，连续不断，通过小成就看到大成就的可能性。

任性需要有可以任性的能力

有人指责现在的年轻人缺乏责任心，职业发展太任性：想干就干，不喜欢就辞职，一份好好的工作，因为不给假期旅游，说走就走……说完80后说90后，过几年就该说00后了。

在这酸溜溜的指责背后，我倒看出了天性的解放，人们有了更多选择自己职业发展的自由，同时也需要承担未来发展的责任。**任性需要有可以任性的能力，这种能力不仅要看到天性，还要给天性寻找一条通往现实的路。**

选错了专业

来找我做咨询的小蓝就是一个90后。

小蓝说她好郁闷：中学的时候喜欢理工科，高考没有发挥好，阴错阳差进了一个文理兼收的法学院。哭着闹着要复读，家里人不同意，好说歹说才去报到了。没想到，大学竟然成了她的苦难之地，郁闷之所。

你可以想象一个热爱文艺的理科女生是什么样的吗？爱物理、爱天文、爱画画、爱音乐、爱蹦蹦跳跳、爱叽叽喳喳。可是，这样的她偏巧碰上了一群“循规蹈矩”“索然无味”“老实巴交”的孩子。就像是一只小鹿跳进了羊群：找不到共同话题，没有知音，连出去参加聚会、活动的伴都没有。小蓝只能独来独往。

“你的大学生活是怎样的？”我很关注小蓝在大学时的自我探索。

失去了群体支持，一个人要么更明确，要么更迷茫。不幸的是小蓝属于后者。她说自己那段大学生活是苦闷的，学习中没有感兴趣的内容，就懒得下功夫，成绩自然不好，小蓝也不能免俗地受到成绩的影响，慢慢就失去了信心，甚至有段时间感到了深深的绝望。

“你有过什么尝试吗？”我问道。

学业内受挫，学业外受阻，小蓝竭力寻找着自己喜欢的事情，却发现喜欢的倒是很多，但是不知道哪个是自己该做的。慢慢地，小蓝从对生活失去了重心，到对生活失去了兴趣，开始讨厌交往，害怕热闹场合，甚至想逃离社会，做个隐士了。

小蓝曾经申请过退学，被劝了回来，好歹算是毕了业。

小蓝依旧没有找到自己的位置，变化的是周围的场景，不变的是迷茫的状态。她带着迷茫，进行着人生轨迹的位移。毕业那年，小蓝忽然发现自己喜欢插画，于是毅然决然地放弃就业，专门学了几个月的插画。

任性不是随意而为，而是照顾到天时地利人和，照顾到外部环境，才能给自己的天性发展以机会和空间。

很显然，这一“任性”的行为依旧没有得到周围人的认可，反倒是又一次证明了大家对小蓝“不靠谱”的评价。插画学习结束，小蓝并没有如愿地找到工作，而是被家人反复劝说回家准备公务员考试。

入错了行

又是一次反复劝说！

一个人得有多强大，才能经得起这样的反复劝说啊！劝说的理由也很简单：你能靠这个吃饭吗？这个理由也很粗暴：你看，找不到工作吧？回来吧，老老实实地考公务员。

我在内心暗暗地为小蓝鸣不平：有什么工作是那么轻松获得的吗？未经尝试，能成功才怪？

当然，小蓝并没有选择安分地听话，她不能面对“无聊”的考试，过了年交差式地参加了考试，就再一次“任性”了。

之后的两年时间里，小蓝出去旅游、做义工、做培训、做编辑、尝试创业，几乎尝试了所有她能做的职业。

但是，焦虑感越来越强，成就感越来越差。后面似乎总有人追着，并发出如影随形的声音：尽快稳定下来吧，尽快找个靠谱的工作吧，不行还是考公务员吧。

小蓝无时无刻不经受着这样的煎熬，直到有一天，她忽然在网上找到了一种让自己特有成就感的事情：和别人分享自己的人生感悟，特别是指导一些大学生。她说自己开了一些咨询帖子，回答一些人的问题，也经常会收到网友的感谢，这让她很开心。

偶尔，也会有些郁闷：对别人的问题无感，总也回答不到点子上的时候。

我的脑海里，小蓝的生涯发展已经非常清晰了：在稚嫩的、需要进行探索的时候，不幸进入了一个缺少支持而且完全不适合的环境里。就像是一个不会游泳的人被一下扔进了大海，虽然希望任性，但是并没有任性起来，总在呛水，偶尔被拖上岸，缓缓劲，又想下水。忽然有一天，看到有人和自己一样在水里挣扎，就突然萌发了教人游泳的冲动。

其实，小蓝并未从自己的痛苦中走出来，还缺乏任性的能力。她在他人身上看到了自己的苦，希望能够通过拯救别人来拯救自己。

你真的喜欢过什么？

一个没有沉下来找到自己的人，所有的旅程里，她都是过客。

在这个过程里，周围的环境起了很大的作用，在一个人尚未具备任性能力的时候，别人的评判、阻挠让自己迷失，也让自己铭记，时间久了，甚至在内心养出了一个指责自己的人，稍一任性，就会跳出来指责自己。于是，做什么事都会纠结。

咨询的切入点从这里开始：拯救自己，找到自己的价值。

我让小蓝做两件事：

1. 写出自己所有感兴趣并且希望开始做的事。

2. 写出自己不能坚定开始的原因。

有一些轻松，更有一些犹豫，还有些许不信，小蓝说："我感兴趣的事，那可就太多了！"

"那就一件件说说看，不仅自己喜欢，而且还要说出细节，为什么喜欢，做了些什么。"我知道，**一个不去开始的梦想，永远都是幻想。**

还真别说，小蓝这丫头一说起兴趣来，让我的敬佩之情油然而生！

她和我说起了天文，说起了各个星座的知识，说起了自己去过的天文博物馆，看过的书，拜访过的专家。说起了画画，说起了自己的专业学习，说起了兼职，说起了可以靠画画获得的一点微薄收入。说起了职业规划，说起了自己认真的学习，说起了每晚在网上的答疑解惑。说起了轮滑，说起了不仅自己滑得好，还可以做老师教小孩子们。还说起了……

看来，这丫头玩得蛮专业嘛！

这些就是她的天性，从中，我不仅看到了兴趣，还看到了热爱和投入。

那么，接下来就看看那些让小蓝不能坚定选择的原因吧。

小蓝说，她不知道是否真的能够选择自己感兴趣的事情，真的能够“做自己”吗？大学学的专业让人很沮丧，工作也一直不是特别有成就，好像做什么事情都不能坚持，做什么事情也很难做成。

我看出来了，小蓝的顾虑是因为缺乏自信。缺乏自信带来的问题是：自我牺牲式的拯救和自我表现式的认同。

这个局怎么破？

拯救自己

“你所有的兴趣中，有哪些是特别让你兴奋的呢？”

“天文，看各种星星，还有画画，还有咨询。”挺多的了，我帮小蓝分析道：“给别人做咨询的前提是，你把自己的生涯规划好了，目前来看，不管是年龄、资历，还是自己生涯的成熟度和职业的积累都还不够，可以在业余时间助人，但不可以作为职业，可以暂时放一放。”

“天文和画画倒是可以有更好玩的方式。”

小蓝有点不相信：“这两个都好难啊，我就是感兴趣，但是作为职业的话，恐怕差得太远了吧？”

“在多元化的世界里，可能性是创造出来的。”

我提供了两个思路：

一个是做天文知识的科普。对星星好奇的人很多，懂天文的人很少，懂天文的人中，希望分享而且能分享的人就更少了。小蓝对天文的了解，完全可以满足很多人对星星的好奇啊！

另一个是关于画画的。专业的画家都卖作品、做画展、教专业去了。可是作为一个热爱生活、喜欢用画画的方式呈现的人来说，本来对学习画画就没那么高的要求，专业人士又不愿教，机会不是又出现了吗？

这是两个大致的思路了，但是不够具体，就不够让人兴奋。我接着说：

“细分人群，找准客户，善用互联网。”

比如画画，我建议可以瞄准父母这个人群，现在父母越来越重视陪孩子的时间了，陪孩子无外乎就是玩玩具、听故事、听音乐、跳舞、画画，父母也特别需要提升一些技能，比如画画。可以想象，一个妈妈能给儿子轻松画出一个个他想看到的动物，那多带劲啊！而且要求不高，期待的投入也不高，特别是时间投入，不用像专业学习一样花那么多工夫。

小蓝笑了：“我一个下午就能教会人基本的绘画技巧，还能画好几种动物呢！”

“好啊！机会来了，现在有那么多在线培训的平台，开一门简单的画画课吧，名字就叫：拿起笔，就能画画！”

“一旦有了知名度，就可以慢慢做一些线下的培训，一个周末的下午，两三个小时，十几个人，每人二百，这就将是一笔不错的收入。作为兼职，就很合适了。当一个人生活得越来越从容的时候，才会想到更好玩的东西。”

路径设计得越来越细致了，小蓝的脸上也露出了笑容。

我相信，小蓝的创意比我多。

做完咨询，小蓝就很开心地找新工作去了。一天，她给我发了一封邮件，邮件里有一个链接，我打开时看到了一个参与人数超过一万的课程，名字就是：拿起笔，就能画画。

我想，这才是真的任性了。

任性需要有可以任性的能力，
这种能力不仅要看到天性，
还要给天性寻找
一条通往现实的路。

转弯看见

喜欢做一件事，却苦恼于难以靠此谋生，难于被社会认可的时候，一定要放弃很多幻想：找到最符合市场需求的实现形式，不一定很专业，但要接地气，这是机会；不一定上手就全职进入，可以兼职切换，这是机会；不一定很完美，但要能开始，这还是机会；抓住机会，不要忘记初衷，慢慢接近。

《永远相信，
幸运的事情即将发生》

《现在的泪都是
当年脑子进的水》

《你的降落伞是什么颜色？》

《拆掉思维里的墙》

第三章
Chapter

向左走，向右走
——选择有时比努力重要

- 摆脱他人评价的控制
- 倔强的代价
- 想要影响力的专家不是好的管理者
- 把选择的纠结逼到死角
- 一个踏实的转行计划
- 叩问内心的声音

摆脱他人评价的控制

我们渴望荣誉、成就与认可，于是就会被这些东西限制住。当别人对我们的评价是无用、错误和否定的时候，我们常常会因此给自己贴上无能、愚蠢和失败者的标签，我们可能因此或拒绝，或对抗，或逃避，或陷入深深的无力感。

当被别人的评价控制住的时候，你就再也不能做自己想做的事情了。

辞职没谱

她是一个开朗的女孩，一走进咨询室就是笑着的，欢乐之中，还有一种豁达。她叫晓岚，专门从山东过来做咨询。

坐定后，我请晓岚聊一聊她的情况，以及她对咨询的期待。

晓岚说，她遇到了一个职业生涯的抉择：要不要辞职？

这似乎是一个特别着急的问题，我要晓岚慢慢讲，从读书的时候开始。

晓岚学的是外语专业，读书期间的经历非常简单，喜欢自己的专业，一切按部就班。读研究生期间，开始在外边的培训机构做英语老师，在这份兼职的工作中，不仅有了不错的经济回报，而且还收获了成就感，做得非常开心。

研究生毕业后，家人依靠关系将晓岚安排进入一所大学做了行政工作。本职工作对晓岚来说就像是“在养老”，做得毫无激情，繁杂细碎，很多事情做好了不过如此，应付应付也能过去。于是，晓岚就一直在兼职做英语培训老师。一周五天的工作就像是在熬日子，到了周末才可以开心地教英语。兼职做得不错，教学成果得到了很多家长和孩子的好评，颇有些成就感。而本职工作却总不在状态，感觉领导似乎在和自己作对，总挑错，总批评自己，有一次甚至当着同事的面讽刺自己是靠关系才有这份工作的。

这样的状态简直是一种煎熬，晓岚告诉我，她讨厌现在的工作，喜欢兼职教英语。她的纠结在于，很想辞职，但是如果完全放弃现在的工作，家人不会同意，自己也会没有安全感，不知道英语培训能不能成为自己的“终生职业”。而一想到为了稳定，她要继续忍受这种无趣和茫然，就如坐针毡。

她自己的打算是，真没办法的话，就先忍几年，等生了孩子再说……

晓岚把目光投向我：“赵昂老师，我能辞职吗？我这样的打算靠谱吗？”

内心已有选择

我似乎听到了晓岚内心那个焦灼的声音，那份焦灼如一团火焰，把自己真实的期待烘烤得四处逃窜。

我没有直接回应晓岚的问题，“我们先来看看你希望在工作中获得的价值是什么吧。”我决定先将视野拉高，给晓岚吃下“定心丸”。

做了很久的兼职工作，从新鲜到有些成就感，到有新的发现，到有些担心。现在的工作，从有点不情愿，到开始适应，到无所期待，到焦虑无奈。我和晓岚一起分析每一个阶段的感受以及产生感受的原因。这个过程中，我在分析她最看重的职业要素，也就是最期待从职业中获得的价值。

一轮下来，我们都看到，成就感、安全感、自主性和智慧是晓岚最看重的，这才是“定心丸”。现在大学的工作能让她获得安全感，而在外兼职英语培训工作一旦转为全职去做，在晓岚看来，这几项价值反倒都不确定能够得到满足。

“你已经兼职教英语好几年了，在这份兼职工作中，最让你感觉开心或者兴奋的部分是什么？”我问道。

“和家长们的沟通，最让我有成就感，也最有意思。在教英语时，我有时会主动和学生家长联系，了解孩子们的成长情况，有时一打电话都能打一两个小时。虽然这不是我的主要工作，但是感觉很开心。我自己也尝试着了解了一些家庭教育咨询的职业情况。嗯，”晓岚停顿了一下，“家庭教育咨询可能会是我的兴趣吧。”

看来，晓岚是知道自己想要什么的，我进一步试探她的想法：“想去尝试吗？”“想，但是之前没怎么规划过。觉得是不是会更不安全？一个新兴职业。”

“似乎，你现在可以有三个选择的方向：稳定单位的稳定工作；培训学校教英语；家庭教育咨询。在你刚才的叙述中，我听到之所以你不喜欢现在的本职工作，是因为领导对你评价很低；而你出去教英语，似乎是为了逃避在本职工作中生出的不满意，”我指出晓岚之所以纠结的原因，“兼职教英语，让你开心的重要原因也不是教英语本身，而是家庭教育咨询。虽然喜欢，却因为太多的未知而不敢涉足。”

晓岚点头。

我听到了晓岚内心的期待：保持职业现状，有机会的时候，做一些可能性探索。只是，本职工作别让她那么烦。

被在意的东西所限制

“你对自己的定位心里有谱，你的问题不在选择上，而在于对本职工作没有信心。”我指出了问题的关键。

“是的，”晓岚说，“不知道为什么，我对自己的评价挺低的。似乎我的情商也比较低，容易受那个领导的影响，甚至还有些叛逆。”

这里面有故事。

“我想听听你在本职工作中的情况，有没有过成就感？领导对你的评价具体是怎样的？”

对于这个问题，晓岚似乎特别有话要说。

虽然最初是托关系获得这个职位的，虽然也因家人安排并非十分情愿，但是晓岚工作上一直勤勉，自认为能力还行。在她看来，领导似乎就是一个吹毛求疵的完美主义者，以自己的水平，一份出差报告在别的部门一遍就可以通过，但是会被自己的领导要求反复修改三遍。“这已经不是客观的评价了，”晓岚抱怨道，“我感觉领导是故意和我过不去。”

时间长了，自己也会有很多的叛逆和对抗，心想：反正我也不怕你，你能把我怎么着？一来二去，关系就搞僵了。

这似乎是职场人际关系问题，但我看到的是，晓岚对工作和领导评价的在乎，甚至被这样的在乎限制了。

“领导会怎么说你？”我问道。

“会说我不用心，是个不用心的人。”

“那你是怎么看待这个评价的？”

“心里挺别扭的，或许确实没做好工作，但是被批评还是觉得不舒服，可能我自己就是太大条了。”说到这里，晓岚爽朗地笑了。

“我们可能要区分两件事：你做某些事情的时候是否用心，和你是不是一个用心的人，这是两回事！一个是对具体行为的评价，一个是对人的评价。

“如果你混淆了这两种评价，把接收到的负面信息作为对自己的评价，你就会觉得自己真的不行，至少会本能地逃避那个给你带来负能量的工作场景，于是会做出不理性的职业判断。

“如果你把这种评价仅仅看作是具体行为的不用心，这就有很多的可能性，比如你就是不愿意做好，比如只是这一次你做得不够好。”

看得出来，这番话打动了晓岚，她的眼睛里有了亮光。

在乎什么，就担心什么，在乎什么，就会被什么所限制。

角度调整关系

学会区分别人的评价，就会更有力量。调整人际关系，就成为一种转变资源的技巧。

“我们客观地看，领导是个什么样的人？”

“她的能力确实很强，做事也很认真，有完美情节。”

“她是怎么做到现在的职位的？”

“一点点努力得来的，出身比较贫寒。”

“你换位想一下，一个出身贫寒，凭自己的一点点努力获得工作成绩的人，会对一个凭关系入职的人怎么看？”

晓岚若有所思。

于是，我就和晓岚聊起了沟通能力，对那个领导要做的是理解，而不是同情她，如果看到她的闪光点，能够由衷地赞美她，而且无论她的反馈是什么样的，都不应该受到她的影响，并坚持这种“赞美”。这样，就会慢慢把情绪放下，长期这样做，就会让对方也把情绪放下，实际上，是在“领导”双方建立一种新的工作关系。

至于具体的选择和未来的职业方向，我告诉晓岚：“等你渐渐处理好了人际关系，建立起了自信，就会对职业方向有更加清晰和理性的判断，我们可以在下一次咨询的时候有针对性地具体讨论。”

我给晓岚留了一个关于沟通的作业：

准备一个小本子，就叫“沟通笔记本”，记录你每天和这个领导主动沟通的情况，有意识地记录，看一看，每天沟通了多少？你们之间的关系发生了什么变化？

晓岚很开心地接受了这个作业，虽然觉得自己可能拖延，但她承诺，会把沟通笔记本拍照给我发邮件以督促自己。

出了咨询室，我想晓岚不会再这么纠结了，因为她知道自己可以不被别人的评价控制了。

人越自由，方向越清晰。

当被别人的评价控制的时候，
你就再也不能做自己想做的事情了。

转弯看见

看似艰难的职业选择，难点都不在选项本身，而在于选项之外的恐惧和担心。先用理智思考，我该选什么；再用感觉发现，我为什么犹豫；然后正视那个犹豫，看到犹豫的原因。能解决的问题尽快解决，难点自然会消失，解决不了的就暂且搁置。如果既干不掉，又放不下，就只有逃了。

倔强的代价

在职业发展中，定位、选择、决策的时候，我们会受到各方面的干扰。父母之命、社会之言、别人比较、失败挫折、各种诱惑，都会干扰我们寻找内心、遵循内心。坚持自己，和倔强无关，和对抗无关，这是一种明了内心之后的宁静和笃定。

被念了咒语的游戏工程师

“赵昂老师，我很喜欢争论，和朋友、和父母都这样，别人说的我总听不进去，总可以反驳他们，大家都说我很倔强，你说这个好不好啊？”来询者王亮一开始咨询就问了这样一个我必须不置可否的问题。

“倔强？换一个说法吧，坚持自己的观点。”我看到王亮点头了，“坚持自己的观点有很多种表达方式，不一定非要和别人对抗，比如看到双方的共同价值利益，进行沟通时阐明自己的边界，也是一种很好的坚持。”

“我明白了，也不全是缺点。你的这个说法我就爱听。”王亮的表情放松了些，好像想起了什么，“父母、长辈总说我年轻气盛，而以往的经历似乎也总是证明他们是对的。是不是我就该听他们的话？”

王亮一上来就连珠炮的问题，我想，每个问题背后必有故事。

“为什么这么说呢？”这次我没有急于回答他。

果然，王亮有故事，他开始讲起了自己的职业状况，说起了自己来做咨询的原因。

毕业已经两年了，当初毕业的时候，父母就一直游说他考公务员，还想让他回老家做公务员。和他说了一大堆理由，还搬来了好多救兵，愣是没有说服王亮。

王亮学的是计算机专业，他很痴迷游戏，作为一个游戏老玩家，他立志靠游戏赚钱养活自己。于是，毕业的时候，他成功应聘了一家游戏公司，做起了游戏工程师。既是感兴趣的，又能做得来，这样的职业该是不错的选择了吧？

事实是来做咨询的时候，王亮刚刚辞职。

“父母说我年轻气盛，不听话，让我准备准备明年考公务员。可是，我不确定公务员是不是适合我，以前总感觉不喜欢，但是入职后也一样没有找到方向。老师，你看我适合什么工作呢？”王亮有点着急了。

“年轻气盛”，年轻人都很熟悉这样的评价，这是一个咒语。就像是一个人在赶路，本来自己的方向明确、大步流星。偶遇挫折，周围就忽然出现一堆早已埋伏好的人，要把他拉向别处，还大喊“为你好”“不要年轻气盛”，这哪里是支持？分明是绑架！别被这句咒语念倒了。既要不盲从，成为木偶，又要经得起打击。

这个年轻人有点意思，他和很多怀揣理想的人一样，在现实中遭遇阻击，但他似乎又在急切的焦灼中有一种沉静。

现实选项一二三

“说说看，你有什么打算呢？”我想看清楚那份沉静。

“我有三个想法：跳槽、考研、考公务员。我其实是想考研的，但是考上了，又担心自己年龄太大了（听到这话时，我就想到了一个字：汗），读完研究生出来，就30岁了，会不会太晚？而且我好久没有看英语了，复习起来还是件难事。不管怎样，我这段时间是空档期，积蓄也没多少，找父母要钱，又张不开口。一说考研，父母肯定要我同时准备考公务员，上学他们是不反对的。这样，我就得回家备考，不过，我真不喜欢做公务员，觉得没意思。不过有时候我会想，有吃有喝，有保障，在基层还挺受人尊敬，或许也不错，我该怎么平衡呢？”

说得有点乱，还有点言不由衷，越是心口不一，越是接近本质。

我翻了下王亮的资料，在兴趣和爱好一栏写的是：喜欢互联网，喜欢心理学，喜欢给别人出主意，喜欢玩游戏。从哪一点看，似乎都和之前的游戏工程师职业没有必然的冲突。但是，在刚才的选项里完全没有！

“你怎么看之前的这份工作呢？”

“我在资料里也写了，我不喜欢做工程师，总在写代码，我的工作缺乏积极的学习环境。我在上一份工作期间，总是和领导的思路不一致，我对项目的进展也不满意。”王亮一下说出了很多细节，还带着情绪。

“你有跳槽的打算吗？”这其实是一个很平常的选项。

“我对游戏行业失去了兴趣，工作没有什么积极性，但是我还想再看看我到底适不适合做这一行。朋友也有劝我的，我的一个朋友从一家公司跳到另一家公司，薪水涨了3倍，但是后来没多久就想回原来的公司了。"他说得有点乱。

"所以说，你很担心你的选择是错误的？"我问他。

"是的。所以才来找专家做咨询。"他点了点头。

我知道，王亮的内心有所期待，但是又理性地后退了一步，沉静，就是从这里来的。我要让这份理性有价值，然后，他才能真的沉静下来。

"好的，我们一起来看看你到底适合哪个职业吧！"我摆出了一副大仙的姿态，和王亮开始对兴趣、能力、价值观一个一个"专业地"分析、探索起来。

咨询了半个多小时后，我们得出了一个结论：王亮还蛮适合在游戏行业的！

你才是选择的主人

"那我就跳槽吧。"王亮又安心，又无奈。

"跳槽不是解决办法，如果问题没有解决，你会连续跳槽，找不到自己的定位。你对之前的职业怎么看？"我又回到了原来的问题。

"老师，其实我也觉得，或许我不该放弃。"说着，他掏出了本子，看得出来，他是有备而来的。"只是之前那份工作让我太没有信心了，我总觉得是不是选错了职业，是不是该换一换。您看，我把问题总结出来了。"

直到这个时候，咨询才真正开始。

"我总不敢承担责任。"他这样开头他的第一个问题。

王亮告诉我，在工作中，凡是遇到需要单独作业或者领头作业的事情，他总是退缩。倒不是能力不行，他也会悄悄地同时开始做，甚至会做一些自己的尝试创新，结果并不比别人差。他只是害怕承担失败之后的结果，他觉得失败的话会很丢脸。

“为什么会感觉丢脸？”

“领导可能会指责我。”

“我们来看看，你不敢承担责任，似乎是因为担心丢脸，虽然出现这种结果的概率并不大。”我直接问他，“看上去你有些不太自信？”

“嗯，是的。”他承认了，同时似乎有些急切地想听到下文，一直没敢正视我的眼睛。

“这是你的一种行为模式，或许，在过去不承担责任的做法多次保护了你，给你带来了安全感。”我顿了顿，接着说，“但是现在，你对自己的这种做法有觉察，希望改变它，说明你想追求另外的价值。”

“那是什么价值呢？”

“看看我们刚才探索的你的价值观，你在职业生涯中最看重的一些词汇。排在前面的是经济报酬、生活方式、安全感之类的，但是紧接着的就是创造力、冒险挑战、自主性。不愿承担责任虽然维护了你的安全感这一价值，但是与你的成就感相关的创造力、冒险挑战之类的价值却没有实现。这是你目前最在意的，也是你感觉上一份工作没有满足你的。更准确地说，不是工作没有满足你的成就感，而是你选择了安全感。”

我一口气说出了问题背后的原因。

“你是说，这是我选择的结果？”王亮若有所思。

“是的，”我知道，他开始明白了，“我们看看这样一个逻辑，”我一边说，一边画。“不承担责任，就不会丢面子，这样你就得到了安全感，但是风险是失去成就感；敢于承担责任，也有风险，可能会犯错，丢面子，但是价值是：可以获得创新和成长的机会。”

“承担责任会使你不断提升能力，获得自信；不承担责任会使你获得保护，没有丢脸的风险。所以，每种选择都是对的，都有背后的价值，关键看你怎么选了。”

“哦……”王亮似乎一下子释然了，“我明白了。”

“不必纠结于具体的做法，只要是你自己主动选择的，都会很踏实。”我补了一句，希望他能从中找到自己的方式。

王亮的眼睛里闪着亮光：“我知道了，我要争取自己的机会。我还是想去游戏公司，不考研了，也不考公务员。如果原来的公司要我，我就回去，别的公司也可以，薪水还可能会有所增加。我要努力在一年内做到项目经理。”

结果不重要，有力量看到可能性才重要。

“用一句话结束我们的咨询吧。”我提议道。

“咨询使我认清了自己，解决了很多困惑，我知道自己该怎么做了。”

“那就写个总结，做一个彻底的梳理。”我看到了王亮脸上洋溢出来的喜悦。

“好的。”他痛快地答应着。

我最后送他一句话：

倔强，是在和自己的无能置气，会成为一种干扰，让你看不到自己。

结束咨询，出得门来，微风拂面，格外清爽。

转弯看见

倔强有两种：如果能够开诚布公地叫板，并且把自己认为对的事情做到底，倔强就是坚韧和执着；如果只是不敢承认自己的无能，赌气跑向了目标的反面，那倔强就是固执和犟。二者的区别只有一点：扔掉自己的情绪，抛掉别人的看法，不顾及暂时的限制，你在做内心认可的事情吗？

想要影响力的专家不是好的管理者

很多时候，我们的**纠结源于我们对未来的焦虑和假想目标的难以取舍，这样的纠结也源于没有足够的资源和能力去做判断，解决这种纠结的方法就是：先把路走出来，目标自然就确定了。**

目标的纠结

朝阳行业是生涯困惑的重灾区，因为**朝阳行业一般具备这样的特点：人才济济，竞争激烈，机会多，发展快。于是，就把人内心的困惑给激荡出来了。**

张明亮就处于朝阳行业。

张明亮，男，32岁，在IT行业做了八年的技术，从一般的软件工程师，做到了技术精通者，而且还带了三年的项目团队，成为项目经理。

"赵昂老师，我感觉我的职业发展需要突破了。"张明亮开门见山地说道。

我看了看面前这个英气逼人、自信而坚定的小伙子："说说看具体的想法？”我想听他自己对“突破”的理解。

“我有两种发展路径，很难抉择：做专家，还是做管理？”张明亮说出了一般企业内的两条通道，“我想成为一个管理者，却不是一般的管理者，是在公司内有决策权的管理者。我平时比较喜欢研究管理、战略之类的。或者，成为行业内的专家也可以，有话语权的专家。”

张明亮又补了一句：“好像这两个目标都是有一定影响力的。怎么选？怎么做？”

我点了点头：“是的，有决策权的管理者和有影响力的专家之间，对你来说似乎很相似，有影响力是你看到的共同点，这其实也是你追求的价值。”

价值趋同的不同目标，让人产生了纠结。

看到明亮点头，我又继续道：“但是，你知道它们的不同吗？管理者的工作对象主要是人，而专家的工作对象主要是事物，这是最大的不同。这点不同也决定了这两个职业发展路径的不同。”

和张明亮一样，有些人对自己的追求比较清晰，却对自己的特点不加分析，对可能路径的认识也限于企业内的技术路线和管理路线双通道，想象空间小。

我继续分析：“两个职位对你的要求也不同：管理者需要你提升管理团队的能力，和对人的敏感；而专家需要你提升系统化的思考能力和产品的战略能力。”

“赵昂老师，你看我适合哪个方向呢？”张明亮开始将思维从目标导向转为资源导向了。

“看是看不出来的，我们一起来分析分析你的能力吧。”转到资源导向，就要先看资源。于是，我就和他聊起了那些让他颇有成就感的职业经历。

目标太多迷人眼

明亮大学所学的专业是机械制造，因为不喜欢这个专业，所以他一上大学就打听如何换系，经过半年刻苦的学习，终于如愿以偿地转到了信息工程学院。

在我们的分析中，我们看到了他坚定的信念和坚韧的毅力，以及在准备过程中各种灵活的处理方式，和争取支持的能力。

在临近毕业时，他又参加了一个创业团队，甚至有魄力地将创业进行到毕业后一年，不要户口，不要高薪。虽然最后由于种种原因，创业失败，但是在创业团队中，他已经开始主管技术了。这件事也充分体现了他的钻研精神，很多技术难题都是他当时带着团队攻克的。

于是顺理成章地，他就在创业失败之后继续了技术路线。而且受传统“技术为本”就业思想的主导，他希望自己成为技术大牛。

昔日的成就分析完，张明亮的能力才干也显现出来了，特别是在难关的攻克上，他既可以充分调动资源，又有自信和毅力坚持下去。

“赵昂老师，我觉得更加困惑了，这样的能力好像做什么都可以。”

“是的，才干的价值就在于可以迁移。”我点头，“那么，你说说看，这样的能力特点都可以做些什么？”

我希望帮他打开视野，不再纠结于两种“机会有限，又有些纠结的”选项。

“我现在似乎走技术路线更容易一些，公司的决策层不大容易进的。”看来他对企业内的职业发展比较清楚了。

“还有什么可能性吗？”我试探道。

“老师，你觉得还有什么可能吗？”

“可能性一般都不是基于你的能力，而是基于你的兴趣。不知道你对其他的行业和职业有什么兴趣？”我提醒他。

“好像也没有了，不过我对人还是蛮感兴趣的，我能不能尝试销售之类的？”

“对人感兴趣，这是不错的觉察。看来你是离技术专家越来越远了。”

“这样的风险会不会比较大？”

好了，到了纠结点：想尝试又不愿承担风险，有所追求，却又贪图稳定安全。这是人性的弱点，只是旁观者清，当局者迷。

提升自己是最有价值的选项

“我们来尝试设计一条既安全又有价值的可能性吧。”我看出了张明亮的兴趣。

既然目标是希望有成就感，有影响力，既然有好几种实现这样价值的可能性，既然每种选项都没有现成的机会，既然做任何一件事都没有让人厌倦，那么，提升能力就是最稳妥的路径了。

“选项的区分对你没有意义，以你的资源和能力还不足以看懂哪个更好，你看不出来，我看不出来，别人也不一定看得出来。**就像是你看不出一个刚出土的嫩芽会长成什么树一样，但是我们又知道，树大了都会遮阴。那么，你就专心提升自己好了**，在关键时刻，让兴趣做选择。你会被自然地推向那个给你带来影响力的位置。”

"难道，选项之间就真的没有一点点区分吗？"张明亮用怀疑的眼神看着我。

"我说得再明白一些，你这么来区分：先用兴趣筛选，首先判断是不是自己喜欢做的，完全不喜欢的，就筛选掉，否则即便将来发展好了，也不会有成就感。

其次，用是否能帮你发展出更强、更多的能力做判断。如果还是沿用你之前的能力，只是让你更加熟悉，没有拓展你的能力空间，最好不要选。如果有能力提升的空间，那就继续做下去。"

"难道不是应该尽早选好方向，在一个领域里深耕细作，持续发展，才会有影响力吗？"张明亮又有了新的疑惑。

"是的，没错，需要深耕细作。但注意是一个领域，而不是一件事情，更不是一种技能。所以你**转换职位的判断标准是这个职位是否提升了你的能力。深耕细作，指的是即便在同一个职位上，你也要注意创造提升能力的机会，不要让自己只是流水线上的一环。**"我看到明亮的眼睛亮了。

"这个怎么做？在一个职位上，创造提升能力的机会。"他问道。

我告诉他，深耕细作要做到两点：

一、充分授权，把自己已经熟悉的工作内容尽量授权给同事，给自己留出空间。人们有时不愿意这么做，是因为越熟悉越有控制感，但自己的职业价值也会在这样的熟悉中逐渐降低。人们有时不会这么做，那是需要提升自己的领导力，让自己的授权更有效，这本身就是一种能力的提升。

二、树立更高的工作标准。给自己空出时间，就是为了让自己可以更多琢磨工作上的创新和发展，把看似平淡的工作做得更加精彩，甚至有趣。用心做，这些事情都可以成就一个人。

张明亮不停地点头道："嗯，这样机会就出现了。"深谙职场之道的人都知道，升职、跳槽都会是自然发生的，既有规划，也不用规划。

"原来，我的焦虑看上去是对未来的选项不清晰。"张明亮自己分析道，"实际上，是我目前的工作遇到了瓶颈，找不到突破口。"

我接上他的话："是的，所以本能地就会寻找一个确定的目标。但客观事实是**资源的积累尚未到火候，即便确定了一个具体方向，如果不解决'深耕细作'的问题，也依然得不到自己期待的成就感**。"

"我不纠结了。踏实，说起来容易，却要绕这么大一个圈子啊。"明亮感慨道。

是的，绕了一个大圈子，这并不是我的设计，我所做的全部就是陪伴。陪他一起在迷茫中探索，一起在纠结中拉扯，不同的是，我还以咨询师的身份，带着抽离的视角，时刻关注着远方。

陪伴，需要力量。

可能性一般都不是基于你的能力，
而是基于你的兴趣。

转弯看见

几乎每一个领域都会有技术路线还是管理路线的选择纠结，根据几个标准做判断，按照重要程度依次是：感兴趣；有天赋；资源最近。其实，管理也是一种技术，之所以会对立起来看，就是幻想着“不投资，先看收益”，那么，不用纠结了，二者本没有区别。

把选择的纠结逼到死角

生活中，纠结与选择相随，无处不在。选择中，时间扮演了重要的角色，每件事情都有一个决策的窗口期。有时转瞬即逝，来不及做选择，就有了结果；有时却要忍受纠结的痛苦，慢慢熬过无可奈何的时光。而**一旦把选择权交给时间，就开始向命运缴械了，说到底，都是心无定见的逃避。**

主动选择，确实不那么容易。正视纠结，是解决纠结的最重要一步。

被推出去的纠结

徐莹是优雅的女士，从穿着举止上看得出是一个养尊处优的人。她是30岁的母亲，儿子一岁多了。

咨询信息表上显示，她在一家外贸公司做财务，目前正处于准备离职的状态。主要的职业困惑在于：离职之后，下一步该如何发展？

这样的困惑，是源于对能力的不自信，还是有更多的期待呢？

咨询的时候，我们先聊了徐莹的职业经历。

徐女士大学毕业后一直在同一家外贸公司工作，工作内容并不复杂，待遇很好。于是，在职业的幸福度得到很大满足的同时，内心的成就感有些不足，总觉得自己的能力没有提升。慢慢地，这样的成就感不足就变成了心虚，总想换个更大的公司尝试一下，但是投出去的简历都是石沉大海，这就加剧了那种对自己能力的不安。

内心虽有不安，但工作毕竟安逸，还能照顾家庭，这样的结果只能是加大了她对工作的依赖，越来越逃避那种内心的不安了。直到有一天，老板宣布公司将要被收购，所有的老员工迟早都要离职。虽然她因为工作关系，可以延迟一年，但这一天迟早是要来的。

把自己逼出去以后，机会就出现了。一个机会是原老板推荐的，继续在另外一家外贸公司工作，做跟单。另外一个机会是一个朋友推荐的，是去一家培训公司工作，做组织管理。徐莹的纠结就在于这两个工作怎么选，哪一个工作才能让自己更有发展呢？

看重什么

这是两个看上去并不相关的工作，不相关工作的相关点就是每个人看重的价值。所以，工作选项不重要，重要的是当事人怎么看这些选项。

在描述两个选项的时候，徐莹明显对继续在外贸公司工作有点“嫌弃”了，她担心自己还会出现之前的工作状态，能力没得到提升，安逸的工作让自己越来越缺乏价值。趁现在还年轻，她希望尽快提升自己的能力，可以拥有一份让自己有发展的工作。

咨询进入关键点了，来询者已经展开了她自己的生涯地图，咨询师此时只需保持清醒、觉察、好奇，像一个见过无数迷宫的智者，来到一个院子里，和院子的主人一起探索院子的奥妙。

接下来的咨询，我一共问了五个问题。

第一个问题：什么样的工作算是有发展呢？

这并不是一个有标准答案的问题，我关注的是徐莹的看法。

徐莹说："一个有发展的工作会让我的能力有提升，能够不断获得成长，而且能满足成就感，工作的环境和氛围也不错，同事之间能够相互支持。"

"你希望提升的能力具体指的是什么？你希望获得什么样的成长？"我要帮她更加明确这个诉求。

"就是一种自己的职业价值不断增加的感觉，我的简历会让我升值。"看上去，她对自己的职业诉求蛮清晰的。

那么，第二个问题：为什么会在外贸和培训公司这两个选项之间纠结呢？

纠结之处，必有诉求，有趋有避，想得难舍。

徐莹说，在培训公司的工作，主要是负责一个高端培训项目的运营，持续稳定。这份工作的最大价值就是平时可以接触到高端人脉，学员都是优秀的职场人、企业家，相信自己会从他们身上学到很多东西。但徐莹也说出了自己的顾虑：这份工作的薪水不高。而另一份在外贸公司的工作呢，薪水也比现在低了些，但好歹是在同一个行业里做，熟悉些，没有什么切换成本。

在讲理想状态的时候，能力提升、成就感、同事团队是主要要素，可是一谈到纠结，决定因素马上就变化了，经济报酬、社交关系、稳定性都出现了。

我把这些呈现给徐莹看：经济报酬、职业发展空间、同事和团队关系、稳定性、社交关系。然后问她：“哪些才是你真正想要的呢？”

要素抽象出来，纠结就显现出来了。徐莹有些犹豫不决。

我挥了一下手说：“先不着急做选择，我们再多说一些。”我知道，不管是抽象讨论，还是就事论事，都会让人左右为难。要么陷入假想的纠结，要么陷入具体的限制。这时候，需要在抽象和具体之间来回穿梭几次。

我们一起对每个词进行了分析：你对这个词的理解？你期待的满意程度？每个选项可以多大程度地满足每一种价值？具体的情况是怎样的？

这样来回几次，徐莹越来越清晰，同时也越来越纠结了。

纠结什么

火候到了，我要挥刀。

第三个问题：如果不能尽如人意，你会如何割舍？

我指着刚才罗列的几个价值，问出了这个有点残忍的问题。徐莹有些意外，但并没有任何的不满，只是显得有些纠结和无辜地问：“一定要舍弃吗？”

我又指了指选项：“我们只能看着选项来说话，在出现新的选项之前，如果一定要选择，你会怎么选？”我缓和了一下，“也不必纠结，这只是你现在的选择，未来我们要创造出更多的选项。所有你期待实现的价值，我们都可以分步骤来实现。你现在的选择说明，在这个阶段，什么对你最重要。”

最后一句话很奏效，徐莹理解了。

逐一舍弃后，留下了三个最重要的因素：经济报酬、升职空间、社交关系。我继续问："这三个之间的关系是什么呢？"徐莹说："如果有了升职，经济报酬自然也多了。"

我却看出了矛盾，抽象起来怎么解释都可以，但是到了具体的选项，三种价值被两个选项所占据：培训公司满足了社交关系，外贸公司的经济报酬多一些，但是升职空间在两个选项里似乎都没有实现。它们并非完全一致，还得舍弃！

徐莹有些不满意了："这些都是我最想要的，我想清楚了。"

"是的，这是你最想要的，我不能要求你舍弃什么，但是我们在做着排序的同时，也在做着准备。价值聚焦了，我们的方向才能明确。"

在现实中，趋利是本能，而放弃需要智慧。

于是，徐莹先是去掉了升职空间，又去掉了经济报酬。在她看来，经济报酬是能力体现的一种方式，她最希望得到的还是成就感。最后，徐莹说："我希望在经济报酬和社交关系中有一个平衡。"

我笑了，在被逼到死角的时候，纠结就无处可逃了。徐莹无疑已经处于职业发展期，经济报酬也不是为了满足匮乏性的安全需求。在她看来，不管是经济报酬还是社交关系，都与自我实现的价值链接，与自己的成就感链接。与此同时，她还希望自己有所成长，过得快乐一些。

选择什么

知道自己想要什么，选择就更明朗了。

第四个问题：已经图穷匕见了，你对这两个选项真的了解吗？

我先让徐莹对两个选项分别做了量化评估，把所有的五项价值都考虑进去。最后，徐莹选择了外贸公司。她说，虽然有些情况现在并不完全清楚，但是对外贸公司工作上的熟悉，让她更安心。

我们做决策的时候，信息是很重要的，但更重要的是能够在信息不完全的情况下做出选择。

第五个问题：一切都昭然若揭了，看清楚一件事会让人心安，还是会让人失落？

徐莹是安心了，但是并不满意。我问到具体的原因，她才说道："从理性的判断来说，外贸公司是一个更好的选项，但是我最近一段时间一直在培训公司兼职，特别喜欢团队内部的融洽和学习的氛围。所以，虽然做出了理性选择，但是依然不能安心。"

我帮她分析，喜欢培训公司的工作，可能是两个原因：一是因为兴趣，人们都会对一些自己从没做过的事情产生兴趣，这份工作未来的状态是怎样的，你是否会持续保持兴趣，这需要做一些职业调查。还有可能是因为价值，社交关系和团队氛围是你期待的价值。比如社交关系，因为你能接触到高端人脉，这会让你对可能的价值产生期待。但是价值是需要交换的，**对于人脉，你是希望简单认识，还是希望深度链接，这取决于你自己的价值，也取决于你工作的价值**，这也需要你的思考。

徐莹恍然大悟，原来**失落背后有贪婪。所谓贪婪，就是对力所不逮的目标心存幻想**。

徐莹彻底安心了，接下来的事情顺理成章：如何设计适应路径，如何寻找一些新的可能性，如何和兼职的工作告别。我们一起，很快把后续的计划列出来了。

咨询结束时，徐莹总结说："最大的收获就是真的弄明白了自己想要什么，而且打破了之前的一些幻想。"

纠结是一个机会，是一个我们认识自己的机会。生活总是会设置各种限制，让我们本能的贪婪无法尽得。**如果我们被贪婪吞噬了，我们就会淹没在无尽的痛苦中，挣扎着抓到一些不能救命的稻草。反倒是在纠结中找到自己的人，会要的最少，也最坚定，他们是驾驭欲望的人**。简单，即为快乐。

如果再有些智慧，其实是可以两全的，只是在不同的阶段、不同的领域、不同的角色中获得罢了。**知进退，晓取舍，乃两全要义。**

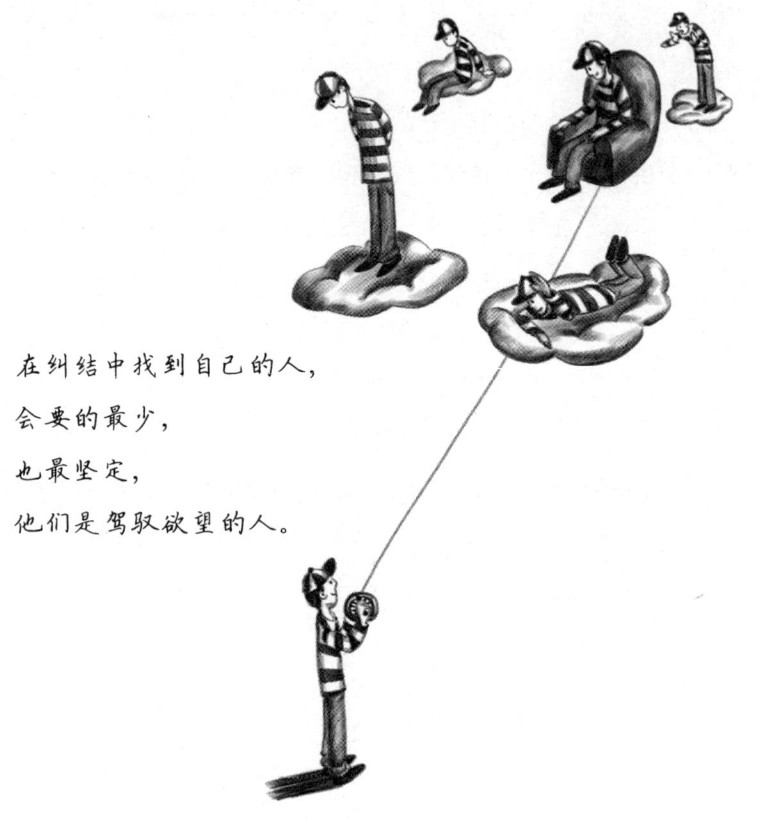

转弯看见

面对多个选项的纠结，这么做取舍：1、分析每个选项背后自己看重的价值——既然纠结，必有所图；2、分析这些价值之间的关系，根据资源和自己的特点，安排不同价值在不同阶段的满足顺序；3、选出当下阶段最理性的选项；4、有什么办法可以兼顾未来的价值——给其他选项一个说法。

一个踏实的转行计划

说起来，转行主要有两种原因：对职业未来的担忧和对职业现状的不满。在很多人看来，转行意味着转运，转行的人期待有更好的发展，期待能够做自己擅长、喜欢的事情。**转行，是职业发展的一种选择，也是一种无奈。**

那么，转行是不是最好的实现路径呢？如何实现平稳转行呢？来看个案例吧。

转行的困境

咨询前，我看到了这样的信息：

贾琳，女，28岁，市场营销大专毕业，做过日用品销售、化妆品的销售代理，尝试过移动互联网、投资、培训，但是都感觉不适合自己。继续做销售看不到未来的发展，感觉职业遇到了瓶颈。有心思进行突破，又担心自己的年龄大了，折腾不起，要考虑结婚成家。该何去何从？

依据经验判断，转行时遇到的困境无外乎是这么几个：

一、对行业外的信息了解有限，没有确定的方向可以追寻；

二、可能有感兴趣的领域，但只是限于直觉上的兴趣，能不能成为工作还不好说，担心转行失误；

三、转行有成本，现状不允许，面临着各种生存和平衡的压力。

那么，贾琳的困境是什么呢？

贾琳是想找一个未来自己可以更有发展的行业，她有过探索吗？这些尝试的结果又怎样？她卡在了哪里？

我静静地听贾琳对自己职业历程的描述，我发现，虽然年纪不大，但是贾琳属于那种从生活底层坚韧地成长起来的女孩子。贾琳早早开始了独立谋生，因为第一学历不高，她最早的职业是门槛不高的销售。在工作中屡次创造出令人艳羡成绩的同时，贾琳也满足了自己的物质需要，然而，对工作的不满也逐渐产生。于是，探索和尝试就开始了。

贾琳做过很多尝试，并且在其中发现了自己的一些兴趣点，比如喜欢沟通，喜欢助人，喜欢“体现自我价值的工作”。同时，这也是她感受到销售瓶颈的原因，销售业绩的持续要求并不能让她感觉到成就感，反而因为业绩的要求会让她在紧迫感中慢慢丧失了自我。

但是那些尝试并没有给她带来什么积极的反馈，贾琳的每一次尝试都在小心翼翼中被打击。“我尝试过探索的人力资源、创业、培训，但是似乎都不是那么成功，而且会重新回到经济拮据的状态。”贾琳和我说起了她的尝试经历。

我想，这正是生活的考验，**生活总会欺负那些目标不确定、付出不尽力的人**。我和贾琳说：“你的真正问题并不是不知道自己喜欢什么，而是在一次次遭遇挫折，被别人‘恐吓’之后，不敢坚定自己的目标了。你担心那些选项不可能成为自己的目标，于是你就更加迷茫了。”

我继续讲：“就像是**你选了一个山头，知道自己要去哪里，但是面对各条路径，经过探路之后你发现，每条路似乎都有风险，有些有虎，有些有悬崖峭壁，有些有大河拦路……于是你就害怕了，进而退缩到后面，以为不知道自己想要什么。**”

贾琳频频点头。

值得确认的目标

我确认找到了问题的关键点，接下来就简单多了。

既然每条路都有风险，我们直接面对就好了，扫除障碍是后话，前提是确认选对了目标，也就是说选对了山头再上路。转行的大忌就是瞻前顾后：**方向不清晰的时候，兴趣、利益、别人的追求，都有可能成为诱惑；风险、困难、付出，都有可能成为障碍。**

贾琳有方向，但是不确定。

我问她：“说说看，你当初希望探索的职业都有什么共同特点？有什么地方是吸引你的呢？”在分析出了贾琳职业困惑的原因之后，我开始和她一起分析价值观了。

“其实也是有共同点的，我探索的职业中都或多或少包含了我对理想职业的追求。”看到我好奇的眼神，贾琳继续说，“我想追求一种优雅的生活，”贾琳开始描述自己的理想生活，“理想中，我的经济收入和现在也不会有太大的差别，只是我的事情更多是由心而发的，是可以给别人带来价值的，我不再是一厢情愿地说服别人。我还希望能以我擅长、喜欢的方式来工作。”

这样的理想和众人似乎并没什么不同，就像是一个指南针指出的方向一样，不一样的细节需要和贾琳自己的经验地图结合在一起，才能看出具体的路径来。

我开始和贾琳一起分析她所经历的种种尝试，从销售到销售管理，从培训到心理学，从投融资到参与创业。在咨询中，这样的体验就像是咨询师驾驶着飞机，带着来询者勘察地形，在来询者视力所及的范围内，飞行高度不断拉高，再拉高。直到来询者忽然感觉到，这就是我喜欢的风景了，目标也就大致确定了。

这个过程并不简单，从销售转做管理，她希望能够有更多的职业发展。但是与此同时，又纠结于自己带领团队的能力，纠结于做管理时自己收入的减少。做管理的尝试也让贾琳有了自我价值的更多体验，于是开始学习心理学，继而又探索创业。她的纠结无外乎是：能力、门槛、价值。她看重的也很明显：助人成功带来的成就感。

在咨询中，我像是飞行员，带领着贾琳升空、转向、盘旋、降落，希望帮她看到更大的视野，更多可能。

答案其实早就在贾琳心里了：想做培训师。之前之所以犹豫，更多是因为在初步了解之后发现，很多培训师需要具备非常光鲜的教育背景或者职业背景，而自己似乎都不具备，于是就打起了退堂鼓。后来她转向财富积累，经验积累，可是发现别的路径也不好走，甚至过程中充满了痛苦，让她更加迷茫。找来找去，最终变成了不停地打转转。

我需要帮她确认这个目标。

踏实的计划

培训师就一定是她想做的吗？

不尽然，如果有更好的选项的话。那么，如何确定职业目标？价值确认+资源最近：**先确认是否能实现现阶段的价值诉求，然后从资源所能达到的目标出发，两头凑出来的就是具体目标。**

这里有很重要的信念调适：**没有一劳永逸的目标，因为每个人都是要成长的；也没有最适合的目标，因为你没有足够的资源尝试所有的可能，只能从选项中挑选。**

价值是已经确认了的。

于是，我和贾琳一起分析了她的能力和资源，发现培训师确实是她目前最好的奋斗目标。她的很多才干和技能都具备了：学习能力、呈现能力、应变能力、换位思考。但还是卡在了职业背景上：并没有太多的管理经验，职业经历也不够光鲜。这是障碍，但是从另外的角度来看，这也是努力的方向。

咨询推进到技术层面，就不再是难题了：想想看，如果一个人很笃定、很确信地开始为一个目标努力了，风险和结果都是可以接受的，思路和方法也自有其产生路径。

我们一起很快地制定了两手策略：一方面从销售冠军的位置上主动退下来，用心做销售管理，并针对管理中的具体问题进行学习和实践，这不仅是积累职业背景，也是在积累实战经验；另一方面，混迹于各种培训师圈子，从虚心求教，到术业专攻，到崭露头角，为自己争取业内认可，争取从业的可能性。很多时候，都是看上去很难的目标，而在认真开始第一步之后就变得指日可待了。

贾琳真的安心下来了，她说："现在有了久违的踏实。"我说："别忙，我们要制订一下未来3年生活与工作平衡的计划。"

"这是赠送的咨询？"贾琳开玩笑说。

“不是的。”

我还记得，在咨询开始的时候，贾琳表达过对职业发展和生活平衡的焦虑。我们一直在处理职业发展的问题，并得出了一个看似可以安心的计划。这个看上去顺利流畅的未来展望，最大的风险还在于贾琳的年龄性别特点对职业发展的影响：30岁左右的职业女性都要面临的婚育问题。这个风险足以在关键时候，让贾琳重新质疑，重回迷茫。所以，关于生涯平衡问题，本就应该在这个咨询中提及。

咨询完成，我舒了一口气。我在想，转行是一件简单的难事，是什么禁锢了我们职业发展的可能呢？是既得利益？未知风险？转化成本？抑或只是习惯势力？

不管是什么原因，**如果把转行真的当作一个梦想，就会勇敢得多；把转行当作一个现在做不到的梦想，就会坦然得多。**

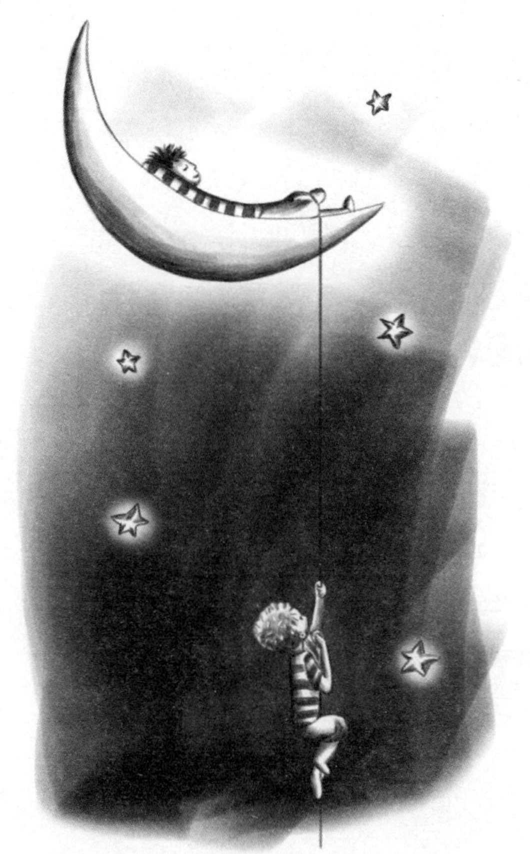

梦想，
就是一个现在
还达不到的追求，
是一个会让我们
勇敢而坦然的念想。

转弯看见

制定转行计划的步骤：1、确认只有转行才是职业发展的唯一路径；2、不考虑成功的可能性，在转行去向上确认每一个选项对自己价值的满足程度；3、盘点自己的资源（能力、经验、人脉）；4、在所有满足自己价值的选项上找到最接近资源的那一个作为开始。转行路上永远没有捷径，有耐心才最快。

叩问内心的声音

梦想在成长之前就只是一颗种子，或许会非常漂亮，或许会十分耀眼。**这个时代是不缺梦想的，缺的是培育梦想的土壤。**

那么，**梦想的土壤是什么？**

是实现梦想的强烈程度和梦想的阶段性准备。

说到梦想的强烈程度，我想起了一个人。

选项的拉锯

周翔，一个名字像男性的女士，32岁，通信行业的大客户销售，找我做咨询的时候，她刚刚离职。

在她的咨询信息表上，“期待解决的困惑”一栏，和其他人一样，我也看到了梦想：我的核心才干和价值观究竟是什么？我的发展方向是什么？她给自己设计的可能性是：培训师和咨询师。

我立刻闪现出一个好奇：辞职、培训师、咨询师，这些选项背后是什么样的价值在驱动？我希望从中看到一个真切的梦想。

见到的周翔是个温文尔雅的女性，说话细声细语，完全没有一般销售人员的那种张狂和热烈。她是一个注重生活的人，保养得不错，如果不说，一点看不出年龄已经过了30岁。

周翔先说出了自己的困惑：两年前就筹划辞职，准备离开销售岗位了。主要原因在于销售工作总会影响自己的生活，虽然近十年的职业生涯发展得还算顺利，而且也取得了为人称道的成绩，但是越来越没有早期的那种激情，总想找点自己喜欢的事情来做。目前有两个可能的机会：一个是和朋友一起创业开一家培训公司，做主要运营者，业务是企业管理和销售方面的培训；另一个是做独立的培训师，专门给外企的相关业务部门做培训。

虽然都是培训领域，但是因角色不同，做的事情也完全不同。我问她："你怎么看这两个机会呢？"

周翔说："这些选项各有好处：和很多人一样，创业是自己一直以来的想法，现在基本条件都具备了，就像是忽然走到了这里。有机会，就很想做尝试，但是也有风险。培训师一直是自己想做的职业，希望能够用分享的方式助人。助人，似乎也是之前的销售职业不能满足的一个重要价值。不过见识了培训领域的纷繁乱象后，又开始犹豫这是不是自己要追求的领域。"

人们追求梦想的方式有两种：一种是有明确的目标和愿景，而且特别强烈。这样的情况经常发生在孩子身上，让他们在生日的时候许下愿望，是一件很简单的事情；另一种是因为不喜欢某种生活方式，所以选择退出一个游戏，然后傻傻地待着，要么被卷入另一个局，要么继续尝试。这两种都是常态，区别在于是否清晰自己要什么？这似乎是一个简单的问题，似乎又是一个很难的哲学问题，没几个人有答案。

绕过选项看梦想

我要帮她看到梦想，潜藏在这两个选项之下的梦想。

我问了她一个问题："不管是销售、培训师、咨询师、创业，这些想法中，每一个似乎都有你想追求的价值，也都有你不太满意的部分。现在，假设有一份理想的事业出现，这份事业具备了什么让你心动的因素？"

假设、理想、事业、心动，我带着周翔绕过了现实的选择困境。我知道，这个问题她一定想了很久，只是需要一个明确回答的机会。

"享受自由的状态，收入能够满意，工作的内容充满智慧，有还可以的社会地位，我希望有一个和谐的团队，做着自己感兴趣的事，当然，还希望能够助人。"周翔如数家珍般讲出了这些或许让她反复掂量的关键词。挺理想的状态，我想，这些关键词中，既有强烈的愿望，也有对现阶段的认知。我问："那么，先说说看这些词对你意味着什么？"

周翔娓娓道来，每个词她都能讲出自己的故事，如果实现了，理想的状态是什么，为什么很看重，她自己的理解是什么。毫无悬念地，每个关键词都带着周翔自己的痕迹，曾经的梦想，曾经的遗憾，曾经的渴望，现在的补偿。

于是，我就和她一起具体化这些看似抽象的词汇，比如自由，周翔的理想状态就是一个自由讲师的状态，而且是成熟讲师，对自己的专业领域非常熟悉，日常的工作就是学习和成长，偶尔讲讲课。再比如收入，和之前的职业状态比，周翔期待的是一个中等水平。我接着说，如果转行的话，这样的要求可能不会在短期内实现。周翔反倒是一副无所谓的样子："多少钱不重要，未来有发展就好，我希望获得别人的尊重。这才是重点。”

于是，一个个刨根问底，一会儿工夫，这些关键词全都串起来了：通过助人的方式实现自由和智慧的状态，赢得别人的尊重。这个领域最好是自己感兴趣的，和一群志同道合的人一起来做事，收入是对自己成绩的反馈认可。

梦想渐渐浮出水面了。再去看前面两个选项，似乎完全没有了兴趣。“我要做一位个人成长方面的培训师！”周翔的眼睛亮了。

一个让人心潮澎湃的愿望，中间包含了对现阶段的认知和准备。这时候的梦想就找到了可以培植的土壤。

梦想，落地生根

周翔的职业生涯已经进入了要寻找梦想、自我实现的事业期。不再努力追求收入，不再努力追求职业高度，转而追求自己内在的需要。求自由，求助人，求内心丰厚。这样，梦想就可以起航了。

很多时候，梦想的困难是因两件事没想明白：这一定是我想要的吗？现在这个阶段是否合适？第一个问题是关于意愿程度的，第二个是关于准备程度的。有人说自己的意愿强烈，比如挣钱。那往往是错把手段当作目的了，挣钱不足虑，挣了钱做什么才是关键，钱的用途似乎就在嘴边：买房子、买车、旅游、舒适的生活。这时，意愿程度就出现了，那真的是你想要的吗？你会很享受那种状态吗？如果是的话，你会为此做些什么？准备好可以兑换出相应价值的资源与能力了吗？

梦想不见得实现困难，梦想的魅力在于用自己的资源和能力兑换出追求的价值，是一种牺牲，也是一种提升，更是一个过程；梦想的魅力

在于实现之后的充实感和价值感，还有可以持续拥有的满足感，这有别于欲望。

多数情况，我们都活在缺少自我意识的循规蹈矩中，事事被安排着、驱动着、逼迫着，这没什么不好，但是禁不起一个人独自面对自己，内心的恐慌会让人自我保护地越发陷入无意识的洪流中。

咨询推进得很快，到如何制订下一步的计划了：探索、确定、积累、切换、发展。对于真正识别出梦想的人来说，余下的就是通途了。

周翔突然问道："我一直都有一个想法，我想环球旅行。现在我辞职了，赵昂老师，你觉得我可以去吗？"

"说说你的想法？"

听了才知道，环球旅行是周翔十年前的梦想，彼时受制于经济条件，受制于时间不自由，如今这些都有了，在梦想的激发下，她特别想"疯"一把。

"那就开始吧！"我鼓励道，"下一次咨询的时候，你列出一份旅游计划，就把这次尝试当作你梦想尝试的第一步吧。"

然而，我没有等到约好的咨询，而是等到了周翔的一封邮件：

赵昂老师：

非常感谢你为我做的咨询。相信上次一个半小时的咨询让我清晰而兴奋地摸到了自己的梦想。我已经做好准备为梦想奋斗了！

这几天，我一直想着你告诉我的：梦想的实现并不困难，只要准备好了，就为自己出发吧。于是，我就办了签证，并且订了机票，我准备从东南亚开始，从走出国门开始，开始我为期半年的环球旅行。请原谅我的不辞而别。

附件里，我把自己的旅游计划列了出来，并且希望在旅途中提升自我成长，为未来自己的职业梦想做准备。

我很希望得到您的持续支持，我们可以通过网络进行后续的咨询。感谢您带我叩响了梦想之门。现在的我，安心而喜悦，对未来充满憧憬和向往。

周翔

看到这封邮件，我笑了，我知道，没有什么比迈出第一步更接近梦想了。在给周翔回复的邮件里，我提出了一些问题供她思考，关于整合资源的。末了，我这样写道：

很幸运地，你是一个有梦想的人。**梦想会光顾每一个人，只有勇敢的人才会抓住那稍纵即逝的光芒，只有智慧的人才会叩问自己内心的声音。梦想之路从来都不好走，只有兼具了勇敢和智慧的人才会迈开大步，追求梦想，了无羁绊。**

生命，就是在追求一个个梦想中，绽放了。很幸运，我陪你走了这一段。

梦想的魅力在于实现之后的充实感和价值感，
以及可以持续拥有的满足感，
这种成长性有别于欲望。

转弯看见

如何听到内心的声音，找到人生使命？1、先让自己心里有声音，这样的声音或许是噪声，或许是呐喊，或许是哀怨，或许是喜悦；2、只要努力做事、不断尝试，内心就会有声音；3、听到内心的声音，不要放过，写出来，问问自己是否内心在召唤，如果是，继续；如果不是，调整；不确定，多做。

第四章
Chapter

十字路口——找到人生方向感

- 被压扁的自我
- 以职场理解的方式获得尊重
- 做只不妥协的蜗牛
- 摆脱焦虑这条饥饿的狼
- 职场越狱三步走
- 你可以追求你想要的样子

被压扁的自我

有这么一类人，在职业发展中总找不到自己的方向，**他们不知道自己想要什么，只知道自己不喜欢什么；他们漫无目的地活着，内心似乎被掏空了一样；他们也在努力地寻找兴趣，但是总也提不起兴趣；他们甚至说不清自己的情绪状态，时而焦虑，时而忧伤。**

我把这类人叫做：自我被压扁的人。

这样的人就像是钻进了旋转笼子的老鼠，终日疲于奔命，在生活的竞争中也练就了各样本领。直到有一天，忽然发现哪个地方不对劲：别人怎么都那么开心，那么充实，我是不是还有可能找到自己喜欢的事？我是不是也有某种我不自知的天赋？于是，就找到生涯咨询师了。

被“好”职业追赶的焦虑

我的咨询中，这样的案例并不少，甚至是最多的。

刘欣就是这么一位，来做咨询的时候，小伙子刚刚辞职。

被“好孩子”“好学生”一路夸过来，26岁的刘欣从没做过出格的事。

毕业后就进入了国企，学的是化工，专业对口，在制造业做业务员，收入还可以。这本是令人十分羡慕的工作，偏偏刘欣就是不喜欢，他说年轻人受不了企业里那种压抑的环境，整天感受不到一点活力，工作没热情，除了不喜欢结果导向的业绩要求外，和上司关系不好，同事之间的关系也比较疏远。人多事少，工作清闲，但心力交瘁，迷茫痛苦。以至于忍受了两年后，居然有了“上班病”：一说上班，就心情沉重，抓耳挠腮。

确实受不了，就辞职了。

辞职后不知道该做什么，除了自己的专业，还能做什么？除了国企，还有什么适合自己？找到我的时候，还和自己的女友分手了。“她是个好女孩，一直都很支持我，是我不好。最近特别焦虑，老发火，还是分了算了。”刘欣怅然若失道。

一切因焦虑而起！

焦虑什么呢？刘欣自己也说不清，辞职的事甚至都没敢告诉父母，不然会被他们骂死。

我都能想象得出来周围的人会怎么“教育”刘欣：谁的工作总那么开心啊？工作不就是那么回事？刚开始的时候累一点，忙一点，不自由一点，都很正常，慢慢熬，就会好的。等你熬过这几年，攒钱买了房，买了车，在单位里说话也有分量了，好日子就来了！

是好日子就要来了吗？估计听到这些，刘欣的脑子都要炸了。

我的眼前立刻浮现出这样一幅画面：一个浑身被绳索捆绑的孩子，惊恐地跑出一间黑屋子，跑到了院子里，跑到了路口，忽然迷路了，我要去哪儿？这时，耳边响起了一干人追来的声音：别跑，回来！

不焦虑？才怪！

兴趣向左，生存向右

那么，他的**自我**在哪里？

在过去的兴趣和未来的愿景里。

我们一起分析了刘欣的兴趣，发现他竟然是个多才多艺的人！会弹钢琴，英语很好，初中时就做过一个网站，还特别喜欢公众讲话。难怪了，这样的人在人多事少的国企，浑身的能量用不出来，不郁闷才怪！

但是，兴趣毕竟是兴趣，那些曾经玩过的兴趣怎么能当作职业呢？都不是“正事”，离专业水平也都相去甚远，现在再开始做，岂不是前途茫茫？毫无悬念的，还没有继续探索，刘欣就停下了，说出了心声。

我静静地看着他说：“是的，你刚才说的也就只是兴趣，不一定要作为职业。”刘欣有点放心了，眼神里也有一点失落。

“有没有想做点什么？方向？目标？都没有吗？”

刘欣说：“也不是一点想法都没有，但是我的想法很难实现，我真的觉得太难了，我不知道我想要的是什么，我只是觉得有些事情很好玩，比如做一个网站，比如做主持人，这真的能作为一个职业吗？和专业也不对口啊，我不知道自己是不是真的适合。”

我听出了他的纠结：一方面，希望满足社会的期待：专业一致、稳定、靠谱，另一方面，又希望真正做自己想做的事。于是，他就在这二者之间奔跑，忽左忽右，闪烁不定。

就像是两个小人在打架，一个是社会价值观影响下的自我，一个是真实内心的自我。一直以来，**社会自我总是占据着舞台，真实自我总被打败。即便有一天，真实自我占了上风，把社会自我踢下了台，他也会**

站在台上不知所措。

他在问自己：这样，真的好吗？

在故事里学会选择

我说："讲个故事吧！"

有一对兄弟，因家里条件不好，哥哥就早早开始工作，拿收入供养弟弟读书。兄弟两个都知道：只有读了书，见了世面，才能过上好日子。最好的结果一定是弟弟学习好，最后赚了钱，对哥哥很感恩，家庭和睦。

当然还会有这样的情况：弟弟在读书的时候，就对哥哥很嫌弃，所以哥哥也没有动力，不想工作了，想去读书，结果两个人谁都没有读上书。

还有另外一种情况：哥哥早早地就把弟弟叫回家一起工作，结果弟弟只能打打杂，结果两个人谁也没过上好日子。

我对刘欣说，"这其实就是你的状况，你的专业，你的职业，能养活自己，那是大哥；你有兴趣，但是不足以谋生，那是小弟。"

"你有三个选项：有足够能养活自己的储备，就找自己喜欢的事情，赶紧折腾，让兴趣成为职业；如果连自己都养活不了，还要委屈大哥挣钱养活小弟，那就先做一份工作，同时发展兴趣；或者让小弟半工半读，降低自己的生存成本，靠兴趣勉强活着，慢慢发展。"

"你会怎么选呢？"我问道。

刘欣陷入了思考。看得出来，此刻的他内心澎湃。

"我其实有点纠结，不知道选择之后会怎么样？小弟真的会发展起来吗？半工半读行不行？大哥会不会干扰小弟？"刘欣勇敢地说出了自己的想法。

“那我们就来评估一下。”我知道，说到了关键问题。

一张白纸，对折，我分别写下：

一个工作中，我最受不了的因素有：

一份职业中，我最希望出现的因素有：

我让刘欣填写、分别打分、评级，一面是按照最难接受的程度排序，一面是按照最期待的程度排序。我又让刘欣在一张白纸上写出所有和他自己有关系的职业选项，不考虑任何是否实现的因素和障碍，包括喜欢还是不喜欢的。

然后分别给每个选项对应各个因素，如果有对应的，就打一分。

我问刘欣：“你有什么发现吗？”

刘欣说：“我忽然发现，对于之前的那份工作似乎也没那么多的讨厌，还是有我喜欢的因素的。”

“嗯，还有什么？”

“选项太少了。我想看看还有什么工作适合我。”

刘欣已经开始关注自我了。

把自我养起来

“选项少，是因为你很少关注自我发展。这也是你很难做判断的原因：你没有真实的选项。”听我这么说，刘欣明白自己刚才为什么纠结了。

“你知道如何安排大哥了，我们再看看如何培养小弟。”我提出了一个具体的方案。

第一步，对可能性产生自信。

具体做法就是朋友圈求赞，看看别人眼中的你到底是什么样的？陷入低谷的时候，一个人往往会视野受限，选择性地忽略自己的兴趣、可能性，以及优势。

这是第一步，微风拂面，让他那个摇摇欲坠的自我先站稳脚跟。

第二步，唤醒梦想的能力。

我给刘欣留了另外一个作业，找一个本子做“梦想笔记本”。本子从前往后记录点滴的梦想，想到什么特别想做的，就记录下来，尽量详细和具体。从后往前记录为梦想所做的事情和准备。每周拿出来看一看，想象一下梦想实现的景象。慢慢地，梦想会让你更加热爱生活。

当自我被压扁以后，要用梦想给它充充气，慢慢把自我养起来。

第三步，打败小鬼。

从认可自己，到养大自我，到实现自我，这似乎是一个顺利流畅的过程，可是我也知道，一定没那么简单。当自我被压扁之后，要经过几次摇摇晃晃才能站起来的。

刘欣说出了自己的顾虑：“梦想的实现都是不可避免要涉及其他人，也会有一些风险，担心自己的选择会带来后悔和遗憾。”

在自我不那么坚定的时候，各种怀疑就会像小鬼一样出现，稍有不慎，自我又会被压扁了，甚至是一蹶不振。这样的结果更可怕，从此给了自己一个“努力过，但不成功”的借口，那就彻底废了。

我教给刘欣一种排除干扰的方法：一张白纸，一分为二，一边写下自己内心小鬼的声音，一边写下自我的应对。有两种结果：一种是自我战胜小鬼，那就大胆去做吧；另一种是自我不能打败小鬼，那就做一个决定，不管最后怎么做，总算接纳了一个高风险的判断，自己也会为此负责了。

这几件事情做完，自我就真的站起来了。我告诉刘欣：**“真实自我并不是完全地为所欲为，也不是对自己无限放大，而是要在社会的规则和框架下获得自己内心的最大价值。”**

我们经常会以心灵鸡汤的方式放大“梦想”“勇气”“信心”的作用，其实，**所谓梦想就是不断坚持自我，走在实现的路上罢了**。当有人说到梦想的定位困难时，他们是把“自我”弄丢了。而只要有勇气，做成一次，哪怕一次，就有了坚持自我的能力，梦想就会慢慢给自我充气，让压扁的自我站起来。

缺的课，迟早要补上。

刘欣的咨询做完了，但自我探寻才刚刚开始。

当自我被压扁以后，
要用梦想给它充充气，
慢慢把自我养起来。

转弯看见

在和所谓的环境、社会、传统进行抗争的时候，内心其实是充满焦虑的：因为也不知道自己要去往何方，只是知道似乎不喜欢什么，而不知道自己喜欢什么。这时候，一定要有耐心，要给自己时间进行探索、尝试和坚持，这本就是人生中的重要一课。你不放弃追求梦想，梦想就不会放弃你。

以职场理解的方式获得尊重

这个社会蛮有意思的，总是依靠新人，又总是排挤新人。

十年前，当80后初入职场的时候，曾被批判为“垮掉的一代”，如今又开始对90后评头论足，互联网原住民，外星人，任性。**职场就像是一个生物群，一旦有新鲜力量加入，就要躁动一段时间，然后等着新人变老。**

我一直不主张另眼看新人，捧也好，扁也好，结果都容易让一些年轻人失去本来对自己的反思能力，不是被捧杀，就是被棒杀。**过度强调一个时代的个性时，反而会忽略所有人必经阶段的共性。社会的浮躁，会让新人更加迷茫。**

“做自己”之下的隐情

我遇到了这么一个年轻人：于浩，男，生于1989年，说是90后有点早，80后有点晚。在互联网行业工作，一年之后裸辞。找我咨询，希望为职业定位。

我看了看收纳表，咨询问题中，既有“下一步该干吗”的定位问题，又有“能力如何提升”的发展问题，还有“家庭平衡问题”。对于职场新人来说，“平衡”又意味着什么呢？

咨询开始，我先和于浩讨论定位问题，从兴趣方向、能力现状、职业价值回馈等各角度来看，于浩之前在某大公司的工作似乎是个不错的选项，那么，辞职为哪般？

于浩的理由非常充分：对项目未来的发展方向不满，总是和领导的思路不一致，感觉也学不到什么东西了。

看上去是不是和很多“被批判”的90后借口相似？稍有不满，就炒老板鱿鱼。

于浩说：“我其实特别认同新精英的理念，鼓励每个人做自己。”于浩的眼里似乎有找到组织的亮光，“我的家人都希望我能读研究生，还希望我能考公务员，找一份稳定的工作。我就不想这么做，我就想做自己。”我开始纳闷了：他的“做自己”指的是什么？

于浩继续抱怨：“毕业后好歹找了一份看上去还不错的工作，我开始干得也不错。不过，慢慢地，我感觉自己没有拿到我想要的价值。于是，我就开始寻找自己的定位，还是希望做自己。”他又一次说到了“做自己”。

“等等，你是怎么看待别人给你的建议，以及你的第一份工作的？”我感觉到了一种磕磕绊绊、连滚带爬的跳跃式思维。在“做自己”的大旗之下，必有隐情。

很多人会扯来“做自己”的大旗给自己的任性和逃避遮羞，但是在做自己之前，你有没有想过，你会在什么土壤里，用什么方式，凭什么能力，追求什么样的自己？

“就是”想要，这样的语言里带着一种执拗。我就要听听这种执拗背后，于浩在想什么。考研究生？考公务员？稳定工作？做自己？

于浩说了，并不是不想考研，只是担心读完书出来年龄大了怎么办；也不是不想考公务员，只是担心考不上怎么办；甚至不是真的想考试，只是父母总有期待怎么办；说起原来的工作，也不是不喜欢互联网行业，只是总没有发展怎么办。

似乎什么都不想，又似乎什么都想要，那么于浩究竟想要什么呢？这和职业无关，和担心有关。我听出了种种想法似乎都只是表面的浮躁，我隐隐听到于浩内心中有一个痛点。把浮躁拨开，我想听到那个痛点是什么。

偷偷搏尊重

于是，我就和于浩一起分析最近这份工作的情况，我问他：“是什么原因让这个专业对口、开头不错、自己喜欢的行业变成一个鸡肋，继而产生了动摇呢？”

这个问题让于浩思考了很久。他在梳理思路。

他告诉我，自己找到的这份工作，家里是不同意的，家里一直希望他考稳定的公务员。自己在收纳表里填写希望解决的“家庭平衡”问题就和这个相关。那不是真的“家庭平衡”，而是希望获得家人的支持，或者不再承受家人施加的压力。

原以为可以开始“做自己”，但是现实却扇了自己一记耳光。“我希望在工作中有创新，但是工作却不能满足我的期待，而且我的每次尝试都被项目经理批评，说我的进度太慢，说我不能满足团队的要求。”于浩颇有些委屈，如此情形下，内煎外烤，他受不了才辞职的。

是能力问题吗？我问他："于浩，能详细说说你工作的情况吗？你都会进行什么样的创新？项目经理为什么会觉得你的进度慢呢？"

真实情况这才揭晓：

于浩喜欢创新，喜欢琢磨点与众不同的东西，并且特别希望通过这些创新获得别人的认可、尊重，甚至是仰视。只是，在工作中遇到可以崭露头角的机会时，他却退缩一边，不是能力不行，而是怕做不好丢人，怕承担责任。

结果呢？我好奇于浩的逻辑。

结果出乎意料：在领导安排工作时，他总在退缩，在领导安排完工作后，又在底下做"私活"——同样一件事，非要用不一样的方式来做，希望以此来证明自己的创新，还是偷偷地。结果就可想而知了，创新的难度要比想象得大很多，而且要在相对成熟的标准中创新出不一样的方式。

于浩就总做这样的事，干得比别人辛苦，效果比别人差，总挨领导骂。以追求尊重始，以怯懦退缩为，以被批挨骂终。

这确实是一个有趣的逻辑。

拧巴的逻辑

我问道："你似乎有些不够自信？"于浩点点头，"我是自卑。"

自卑让你胆怯，胆怯让你推脱责任，推脱责任自然得不到尊重。

而你却又苦苦追求尊重，并且希望通过一种更加辛苦费劲的方式获得尊重。

南辕北辙。到了最后，你失去的不仅是尊重和成就感，还有安全感。这就是你拧巴的地方。

一个人之所以活得拧巴，是因为总在用一种看上去简单，实则成本更高的方式争取一种自己追寻的价值。

这样的事情比比皆是：希望在职场大展宏图，却因实践不足，选择继续读研究生；希望追求真正的爱情，却把自己拴在学历、金钱上，从不谈恋爱，名曰准备好了等待真爱；希望生活得自由，却给自由加上让自己更不自由的标准，买房子，买车子，给孩子更贵的教育；希望获得尊重和认可，却不按照规则做事，想通过自己憋大招，一鸣惊人。这些看上去"有道理"的背后，都是毫无道理的逻辑。

拧巴的逻辑源于：开头很难。

确实开头很难，不管是与众不同，还是貌似另类，都更容易受到"批判"：有书不读是傻瓜；自己没准备好不配有爱情；没钱哪来的自由；做砸了很丢人。就是这样的批判让人在纠结中选择了"泯然众人矣"地随大流，而这些批判甚至只存在于人们自己的内心。

拧巴的结果，就是愤怒。

因为拧巴获得不了自己想要的价值：书越读越多，实践越读越少；看上去越来越光鲜，接触的异性越来越少；物质越来越多，时间越来越少；不谙职场的事情越来越多，获得的尊重越来越少。

拧巴让自己与追求背道而驰，越努力越愤怒。

一个职场新人，以拧巴的方式拿不到自己价值的时候，很容易失去判断力，再被周围人的各种想法影响，被90后的精神忽悠，就会变成一个斗士，摆出一副理想主义者的姿态，誓为理想奋斗到底：读书读成圣斗士；物质财富必须"心安"；稍有不满就要做自己。

只不过，这一次不是理想主义者，只是一个牺牲品，一些拧巴理念的牺牲品。还有些人一直这么折腾，到最后折腾不起了，再安慰自己，已然不再年轻，社会是个大染缸，于是生出每个人都会被磨了棱角之类悲观、厚黑的想法。

要么拧巴地活着，要么愤懑哀怨地死去。

在我把所有这些呈现出来的时候，于浩终于明白了，甚至打了个激灵："之前我没做出什么成绩，而是在向领导要尊重，并且是以一种职场不能理解的方式在偷偷地要尊重！"

于浩说："以后，我要学会争取尊重，用自己的实力去争取尊重。"

在他看来，定位不是问题，他对自己其实挺清晰的，之前只是逃避；发展也不是问题，因为他对自己的能力很自信，之前只是因受挫产生了怀疑；平衡更不是问题，知道如何获得尊重，自然不必考虑别人的意见。

下一步怎么做？

于浩非常清楚：继续在行业内找一家公司，努力争取机会，并且主动承担责任，承担可能产生的各种后果。在实践中历练自己，尽快成长为一个业内专家。

是的，**尊重，一定是因为自己努力的结果匹配了规则体系的期待**。

最后，我告诉他："这和做自己并不矛盾，获得尊重，就是希望活出自己。"

一个人之所以活得拧巴，
是总在用一种看上去简单，
实则成本更高的方式争取一种自己追寻的价值。

转弯看见

职场的第一法则是：交换。财富、成功、尊严、荣誉都能换得来，前提是，你要有可以换出去的价值。初入职场，交换出去的是体力，慢慢地，就可以交换经验、智慧、资源。既要做一个好产品经理，把自己打磨出高价值，又要做一个好商人，换回理想的价值。永远不要追求超值回馈，那往往是危险的。

做只不妥协的蜗牛

每个人都有不同的背景、资源，很多因素在一出生的时候就决定了。但是一个人的成功和财富不是因为已经拥有了多少，而是在谋生、谋理想的过程中所获得的成长和所散发出来的人性光辉。

咨询中，总有人的坚强、勇敢和毅力让我感动，这些品质不因财富、身份、地位、健康而有所不同。

绝望的时候，需要信心

对于贫弱的群体，我一般只做公益咨询。

小婧是个例外。看信息的时候，我还以为她是个大款。找我做咨询的时候，她同时还在参加别的学习，英语、日语、形象设计、创业训练营，这些课程个个价格不菲，有个最贵的课程，小婧被销售“忽悠”了五万块钱。

我以为小婧很有钱，但是信息显示，中专毕业后的她一直在做美容美发、超市收银、餐厅服务员、电话销售，工作6年，目前待业。

我猜，她攒不下什么钱。

难道是家里有钱？家庭背景里面写着，家是农村的，母亲寡居。

不猜了，咨询一开始我就先问这个问题：你哪来那么多钱去学习？有的咨询师会很担心自己越界，这是私事，你管不着。我却觉得这个信息很重要，这涉及客户咨询的动机，资源，甚至人身安全。

小婧一点没有矫情，淡然地回答："刷的信用卡，慢慢还。"

我重新看了看眼前这个小姑娘，不，有点像大姐了。信息表上明明是不到28岁，怎么看都像30多岁了：头发没有梳理，乱乱地散着，没有化妆，容貌显然没有经过打理，微胖，衣服很不合身地裹在身上。只有眼镜片后面的眼神是亮的。

我调整了一下坐姿，开始了咨询。一般来说，我的咨询都会围绕两个问题开始：你的期待是什么？为什么会有这样的期待？

小婧的期待很简单，找到自己的定位，过上幸福的生活。期待从何而来？也很简单，小婧说，都在材料里面写了。

我看过材料的，那是一个很长的故事，为了让我更了解她，还把很多家庭的、早年的、职业经历的往事都告诉我了，和很多人想象得一样：被忽略，被暴力，不幸福，家庭变故，上学逃离，学历不高，四处打工，身心疲惫，有些绝望。

小婧觉得自己过得太苦了。我也觉得她过得太苦了，我告诉她："你回去以后把报名的其他课程都退掉，能退的都退掉。包括这个咨询，我也建议你退款，我可以给你做公益咨询。你现在也不适合上这些课，欠的债只能让你更痛苦。你不是学过美容美发吗？回去把自己捯饬捯饬，我希望下次看到一个容光焕发的小婧。"

小婧有些吃惊，而后，忽然又轻松了。

信心！得先让她有信心！我知道，**信心不是源自振臂一呼的口号，也不是天天给自己打气，而是源自于现实，源自于自己亲手实现的成就，源自于与能力资源匹配的目标**。背了一身债无力偿还，看不到曙光，将命运寄予一线，这样的状态不可能有信心，只会有铤而走险。

蜗牛背着沉重的壳

我忽然想起了蜗牛，整天背着一个壳，缓慢地爬行，似乎是呕心沥血地用生命在书写轨迹。让蜗牛做蜗牛，慢一点也无所谓。但是如果给蜗牛一个乌龟的壳，就一定把它压死了。

小婧不想做蜗牛。

“我曾经鼓励过别人，要努力，要用富人的心态做事，要敢花明天的钱，才能赚到今天的钱。所以，我才报名学习的。我学历不高，又没什么太多的技术，要怎么才能改变命运呢？”小婧有点纠结。

那些话都好熟悉啊：努力、财富、成功。仿佛所有的贫穷都是自己的错，自己没眼光，自己没魄力，自己不努力。又仿佛只要循着一条明道，裸奔着过去，就一定可以有眼光，很快有魄力了。又是成功学！这些想法不仅勾出了人的罪恶感，还勾出了人的肾上腺素。

果然，小婧告诉我，曾经做过一个课程的电话销售，销售就是打电话、邀约、会销，邀约一些中小企业家过来听课，买课，买的课都几万、几十万。传销、成功学，走的都是这个路子，骗骗有钱人倒还罢了，把穷人也拉下坑，就太缺德了。我有个朋友就曾经被包装成“清华大学客座教授”做产品展示，后来果断退出，他说，实在受不了良心的拷问。

说起那段经历，小婧已经深刻领教了，昼夜工作，利益结果导向，当面背后两个样子，人际关系复杂，她是受不了那种状态才最后离开的。让我惊愕的是，这样的工作，她居然坚持了三年！

我知道，穷人为了改变命运会孤注一掷，会为此隐忍各种屈辱和艰难困苦。这是一种强大的生命力，需要调整好方向。有了生活的信心，才开始变得有力量了。这时的力量必须去除幻想，不能急躁，这是这类职业生涯发展需要考虑的第二步。

有一种谋生，让人尊敬

在社会上，**交换关系来得最为直白，作为个体，必须提供给这个市场上需要的价值，才能获得回报**。回报包括金钱、物质、尊重、自由等等，这不仅是付出的价值所决定的，还有每个人自己的选择。

“你是希望找到自己的定位，那么你觉得好的定位都有什么特点？”我想了解小婧的具体目标，以及她的价值观。

“在一个事业上，发挥能力，越做越好，真正有潜力、能做好的，而且可以真正有方向，能操作，能执行的。”小婧的语言表达了她的期待，还有困惑。我注意到，她说的不是职业，不是工作，是事业。

没有什么“事业”的发展，是可以在一开始的时候就能一眼望穿。先探索兴趣，就是探索那些让人特别享受和期待的部分。但是，如果见得少，体验得少，兴趣面窄，反倒会成为确立目标的一种制约。往往所谓感兴趣的内容只是价值诉求而已。这一点在小婧身上也有体现。

小婧有很多想法：开美容店，开一家餐吧，做服装生意，做旅行家。她感觉自己的人际交往能力不强，适应不了复杂的人际关系。有人建议她应该出国，应该进外企，应该做事务性的工作，应该搞搞研发。

听到这里，我的汗都下来了。一个中专生，一直在简单谋生的底层职业中徘徊，没有一个自己热爱或者特别擅长的领域，这个时候让她应聘外企，去做研发，这无异于把她推到火坑里。前途会有无尽的失败和挫折，得有多大的毅力和多强的热爱才会坚持下去啊？！

但是，我很好奇：小婧本人并没表现出什么诧异。我就问她："你是怎么看这些可能性的？"

"没有一条路是容易的，我的起点低，会比别人更难。但是，我想试试看，去改变命运。"小婧的回答让我肃然起敬："你这样努力，是为了什么？"

"为了过上好生活，为了让自己幸福，为了活得有意义，能对得起我妈。"小婧不假思索地回答道。

我默然了，芸芸众生中，总有一类人是选择自我放弃的，或者说，他们逐渐地放弃了自我。有人随大流地参加各种考试，有人整日工作只为混个衣食富足，有人忍受着无意义的工作而不做任何挣扎，他们把自我放弃了，从不会想自己活着的意义。

和他们比，小婧是个另类。我也明白她为什么要来做咨询了。

蜗牛的进化

"那么，就不要再换来换去了，也不要被打鸡血成为别人赚钱的工具，找一个你最熟悉、最想做的工作，踏踏实实地开始，完成你的最初积累。"

资源受限之苦，对自己认识的迷茫之苦，自己尚未确信之前各种洗脑和主张影响的纠结之苦，这三种痛苦总会让人无所适从，又身心疲惫。

资源受限之苦很好解，就是认命。命运没有写好的天书，但是我们既有出生的基因，又有很多无法改变的环境和客观条件，那么，认领就是了，就着这些食材，看能够炒出一盘什么菜。上不了学，上不起学，上不成学，没人指点，没人培养，没人资助，如果有改变的意识，那就在自己的圈子里，稍稍扩大一点，挪动挪动，再扩大一点。不急不躁，不必和别人比，**乌龟跑不过兔子，蜗牛连乌龟都跑不过。但蜗牛中也有最棒的，神奇的是，人在一生中可以完成多次“进化”，昔日的蜗牛也能变成兔子**。

进化就需要定位了。**定位的前提是有体验的基础，硬要你闭着眼睛从一堆糖果里找出最好吃的，那只能瞎摸**。只有做了一些尝试之后，才能真的明白自己想要的，就是体验之后才会有自己的主张。即便是有一些纠结还不够确定，通过别人的帮助，自己的思考，也自然会水落石出。随风摇摆，都是因为自己的重心不稳。

我和小婧制订了她的下一步计划，她准备先去应聘美容院，把自己的美容技术重新捡起来，同时加强学习和深造，不仅学习技术，也学习管理，通过两三年的积累，能自己独立运营一家美容店时，再找机会自己创业。

对于这个计划，小婧很开心，因为开美容院是她一直以来的愿望。“既然有愿望，那为什么之前总是纠结呢？”“因为我之前总觉得是不是还有更适合我的？发展更快的？看了一些畅销书，越看越迷茫。现在总算安心了。”小婧有些不好意思。

“你有远大的志向，这让你不迁就，让你有追求，让你不妥协，但是也让你更纠结，让你更迷茫，让你更贪婪。”我告诉小婧迷茫的原因。

如何避免呢？我告诉她：“发挥优势，定了目标，继续追求，继续不妥协、不迁就。”我担心咨询过后，她出门凉风一吹，又被打回原形了，于是就自问自答道：“有没有可能这次的定位也不是最好的呢？”“当然有可能。”

记得每次我都从自己周围的资源出发，然后奔着一件事：如何才能服务更多人？不断这么做，我的人生就有意义了。在这个过程中，我有太多的东西要学了，技术、管理、营销、互联网，这个时代，能把一件事做好，我就能很快做好很多事。

望向窗外，我忽然想起小时候伏在书桌前，向外看绿油油的爬山虎，间或就能看到蜗牛。它们慢，却不停歇，偶尔受到骚扰，就把身体缩回去，危机解除后，又露出来继续爬。速度慢得让人心急，但它们自己似乎怡然自乐。顺着它们的触角望去，是墙壁、藤蔓，还有缝隙里洒下来的阳光。

远大的志向和追求让人不迁就，
不妥协，
可以慢，
却从不停歇。

转弯看见

有些人处于社会最底层，没学历，无资源，没背景，无人脉，甚至除了体力，再没有可以谋生的手段。但梦想依然会青睐其中一些人，实现梦想的方法也别无二致：从资源出发，拓展出不同于谋生的领域，持续学习，链接新的可能。只要努力再多一些，幻想再少一些。

摆脱焦虑这条饥饿的狼

现代职场人都或多或少地体验过焦虑的情绪。

是的，焦虑是一种情绪，而不是一种事实，保持适度的焦虑，有时候未必是件坏事，就像鲇鱼效应一样，**一个人自身的焦虑会激发出更强的动力和进取心**。然而，过犹不及，如果因焦虑的侵扰，对应成了事实，进而对自我产生了否定，那么焦虑就不是件什么好事了。

焦虑到跳槽

毛迪就是一个焦虑的女生，她拥有令同龄人羡慕的名校学历背景，毕业后以管培生身份顺利进入了知名外企，目前的职位是人力资源的培训主管。一般人恐怕都很难想象，这样职业背景的女生过来找我咨询的问题居然是：该怎么跳槽？

跳槽？是不是庙太小了？世界500强。是不是工作没有发挥价值？管培生，业务骨干。是不是人际关系不好？360度考评中，次次优秀。那是为了什么？毛迪的理由更雷人：我的能力不行！

从毛迪一直紧锁的双眉和脸上的青春痘来看，她应该是太过焦虑了。有人会说，这还不好判断？人家自己都说了能力不行，能力不行必然导致焦虑啊。真的吗？有没有见过不能胜任却怡然自得，以为捡了便宜的？有没有见过能力超强，却又整天如履薄冰的？

我问她：“你想跳到哪里？”

毛迪一下愣住了，那一刻，我在她的眼神里看到了失落。“都可以吧，”毛迪接上话，“只要我能做得来就行，这份工作好是好，我却总感觉自己做不好。”

我直接说：“别骗自己了，你根本不想跳槽。”

焦虑和能力有关，也无关。“有关”在于，焦虑情绪总会和能力连接上，“无关”在于，焦虑的消除往往需要悦纳当下的状态，包括能力状态。

悦纳，就需要先知道焦虑的原因，然后才能找到和它相处的方式。

焦虑咬上你

毛迪开始和我诉说那些让她焦虑的往事。

事件一，公司组织一次大型中层培训，连续三天，由她具体负责。定好的培训时间，反复开了几次会，一切都按照既定的日程顺利推进。然而，毛迪却越来越焦虑了，总觉得自己有什么事情没有做好，总觉得不够完美，这样的焦虑甚至让她寝食不安。结果，培训如期举行，也如毛迪所料的那样，出了几个纰漏。毛迪就在想，我怎么那么无能？于是，就变得更加焦虑，甚至不敢独立负责工作了。

这种焦虑的原因，不是因为追求结果的完美，也不是因为对自己要求过高，而是不能接纳自己的状态。所谓接纳，也不是说简单承认自己就是不行，摆出死猪不怕开水烫的架势。**接纳，其实是懂得在现有资源基础上做出最优的选择。当做到自己所能做的事情了，一切就交出去好了，特别是结果，那是一个你永远无法控制的，你所做的只能是实现期待的行动。**

茫茫路野，你负重而行，**焦虑就像是跟在身后的一匹狼。一旦你开始把注意力放在期待上，而不是行动上，就像是背上的包裹里漏出来的骨肉，焦虑这匹狼就会立刻扑上来咬住你，而且越是挣脱，焦虑咬得越紧**。到了最后，也不用赶路了，背上的食物终会被狼抢走，甚至连小命都保不住了。

心理学里面有个名词叫“目标颤抖”，指的就是太专注于目标，反而做得不好，很可能失败。失败还不要紧，关键是这种焦虑的情绪会让人愈发“颤抖”，离目标也就愈发远了，到了最后，就只有颤抖，没有行动了。记住，**你是要赶路，而不是和狼争斗的**。

接纳，听上去容易，做起来并不容易，因为我们总会被一些客观因素影响。

尝试就是成长

毛迪接着讲了另外一件让她能量降低的事情。

事件二，那是公司搞的一次年终总结会，毛迪参与其中，负责一些培训环节。在筹备会上，毛迪提出了一些创新的想法，包括会议的组织、培训的形式等，老板认为很好，自然就把相应的环节交给毛迪来具体操作了。这些从来没有人尝试过的事情，公司也没有先例，大家都觉得是那么回事，但是具体怎么搞，又都没了想法。

毛迪做了不少工作，主动请教，向别的企业学习。总算把会议承办下来了，领导还算满意，可是毛迪又开始自责了，如果这个考虑到了就好了，如果那一点能够随机应变就好了，如果别人做呢……这次尝试并没有让毛迪开心，反倒因为种种自责，让她更加焦虑，会议结束后她就请病假整整休息了一周。

焦虑，成了毛迪自我否定模式的一种合理表现形式了。我问了她几个问题：

你是怎么看待这次尝试的？

你从中学到了什么？

未来，如果有一个你期待的、满意的会议形式，那会是什么？

我一个一个地问出来，说着说着，毛迪的眼睛发亮了，越来越兴奋。

我们都知道，**在陌生领域里，每个人都会有“失败”的可能，但我们要看到的不是结果的失败，而是尝试的成功**。一次伟大的实践，带给我们更多的是成长，是别处不可能有的新眼光和新想法。为什么一定要求你把实践的意义绑定在一个确定的皆大欢喜的结果上呢？或许别人会要求，或许内心的那个闹鬼一样的声音会要求，因为我们已经习惯了被这样要求着。但是，你要学会说不，**不要把拒绝别人的期待看作是叛逆，这是对成长中自我的呵护和对现在勇敢自我的欣赏，以及对美好未来的憧憬。**

尝试，在自我突破中获得勇气，在面向未来中学会积极。

没人比自己更重要

毛迪开心地说：“这么说，我就轻松了。其实，老板和同事对我的评价也都还挺高的，总会夸奖我。不过，夸奖多了，交代给我的任务也多了。我总会加班，有时候任务太多，做到最后就做不完了，就又开始焦虑了。”

“这是第三类事件了吧？”毛迪点了点头，眉头已经展开，脸上有了微笑。看得出来，被托付的感觉还是挺好的。

被托付挺好，托付的做不完，就不好了。被托付挺好，总做别人托付的，自己就慢慢没了头脑。

我说了两个雷人的比喻，一下子，毛迪就从微笑变成了瞠目结舌。

别给自己身上泼粪。你有没有发现，当你的自我感觉好的时候，就会揽一些明知自己做不来的事情，然后再焦虑死。这不是说让你学会拒绝这么简单，如果只是因为忙碌或者焦虑而拒绝，那只能说明你的职业能力有待提升，但是有更可怕的是你忙着忙着，就忘记了自己是干什么的了，一旦幡然醒悟，只有自己买单。给自己泼粪，焦虑、拧巴，捂着鼻子清洗，还没处理干净，下一瓢又来了。

别让自己跪着活，因为你也不愿意。对于领导、权威或者是一些你希望讨好的人，他们交付的任务总是希望接下来，而且要接好，甚至是毫无保留地答应下来。然后，发现自己可能做不了，这怎能不焦虑呢？这中间作祟的就是“讨好”心态。这自然会让你得到些什么，比如嘉许，比如信任，但是也会因此让你无法承受任务之重。同时，你也并不愿意这样，并在心里打着算盘，做这件事会不会得到认可，做那件事呢？如此，焦虑只会加重。

你总是没错的，这是你的活法，是保护自己的活法。但是，毕竟焦虑了，毕竟因为焦虑要舍掉一些别人艳羡、自己可惜的机会。这就需要一味药，顺着焦虑作用下去，拔出那个让你不能安心的毒瘤。

这是我开的方子：

把自我期待写出来，一条一条的。每写一条都问问自己，是这样的吗？我有多渴望它的实现？

在所有的期待中，把期待他人认可的挑出来，问问自己，有多大程度的期待认可？这样的认可对自己的价值是什么？一定要这样吗？有没有别的方式？

把剩余的对自我的期待列出来，你希望在里面获得些什么？这些期待和期待别人认可的项目之间有什么关系吗？

最后，把所有这些期待中最重要的三件先挑选出来，不要想太多了，就是这些，先做下去。

这个过程我和毛迪咨询了半个多小时，我知道，浮于表面的思考是没有效果的。

面对焦虑，最容易想到的就是能力不足，而能力反倒是最容易解决的问题。不是吗？饿了要吃饭，渴了要喝水，只要不纠结，怎么都好办。

一轮轮叩问内心的咨询让毛迪彻底放松了，她告诉我，感觉自己开始有力量了。至于跳槽，“还是不跳的好，现在的工作平台还不错，有很多可以成长的空间，等我上升到能力瓶颈了，再考虑换工作。”毛迪很淡定地说。

我知道，几次咨询可以解决她暂时的焦虑，也会增长她处理焦虑的能力，但是回到原来的环境，各种影响重又出现，焦虑是很难完全避免的。但是我并不会为此焦虑，我知道，每个人都会在焦虑中学会和自己相处。我告诉毛迪：

如果焦虑了，先问问那个淡然的自己在哪里。**接纳自己，相信时间的力量。**

接纳是为了专注，尝试是为了成长，拒绝是为了聚焦。

焦虑的消除往往需要悦纳当下的状态，
哪怕是个熊样。

转弯看见

焦虑这味药有微毒，适度焦虑可保持精进节奏，过量不宜。如何避免过度焦虑：允许自己出错，允许自己学不会，学会接纳自己的无能，学会拒绝不能承担之重。说到最后，还是源于对自己的信心，对未来的信心，使得自己能与焦虑和平相处。

职场越狱三步走

职场中经常有这样的困境：我们能做的不多，我们可以改变的很少，能力的成长缺乏导引，成就的实现缺乏机会，工作不是一无是处，却又似鸡肋让人为难。

这样的困境让很多人如坐针毡，如处牢狱，总在想着，如何能够“越狱”呢？这样的情况在一些职业中比较集中，比如医生、军人、警察、海员、演员、地质勘探等，这些职业一方面满足了人们对技术的追求，也满足了持续稳定的诉求，但另一方面，却又因为辛苦、压力、难以平衡家庭等原因，使得一些人难以持续多年，特别是在职业发展的前五年。

这不，医生来了。

医生的困境

医生护士是来找我做咨询的一类典型职业。在高考填报志愿的时候，恐怕很多家长都没有想到，看上去不错的白衣天使，或许不是孩子喜欢的行当。学医的人都有这样的尴尬：拼命学了好多年，继续做医生十分艰难，转行做别的？又没什么可能。

刘正光就是这样的情况，医学博士，医生三年，男生。学历高、职业好，别人很羡慕。但我听到的，都是他的抱怨：太辛苦了，医疗力量不足，总是各种加班，有时候有危急病人就要连轴转。原来以为可以有一些空闲的时间做做研究，现在看来，坐诊看病的时间都不够用。职业的回馈也不像别人想象的那么好，单纯看收入也还可以，与付出的劳动比起来，又像是廉价劳动力。同时还要承担巨大的压力，面临尴尬的医患关系，还要在医疗潜规则与内心良知之间接受拷问。

“赵昂老师，我不要你告诉我如何适应现在的工作环境。”刘正光推了推眼镜，“在来找您咨询之前，我已经反复思考过了，只要能有一点办法，我就不会再做医生了。我自学了一些职业规划的知识，我自己清楚我的兴趣并不在做医生上，而且从这个职业里，也拿不到让我满意的回馈。”

顿了顿，刘正光像是非常坚决地说：“我来找您咨询，就是希望看看有什么办法可以顺利地切换出去。有没有可能性？如果真的不行，我就死心了。”

看上去，他似乎已经做了很多功课，那么，他此时的想法是什么呢？

“正光，不知道你有没有什么打算？希望我怎么帮你？”我探询道。

他果然有想法，马上回答道：“赵昂老师，我对职业的不满已经很久了，之前我做了很多测评，也访谈了很多人，大致上有了几个方向：比如做管理咨询，比如做医疗销售，或者做互联网医疗的创业。每种方向都是若隐若现，有希望，有前景，又有风险。而且，我好歹学医学了这么多年，如果完全放弃又觉得弃之可惜。我知道，与我能做到的总有差距，一落实到行动上，就会瞻前顾后、犹豫不决了。这可怎么办？”

陷入职业困境的人如入监狱。我们暂且不去分析原因，原因很复杂，教育、制度、社会，各方面的原因都有，我们只说现状和应对方案。现状是：对职业发展清晰而不满意，感觉有更大的能量可以做自己喜欢的事情，有更多可能，同时又对工作之外的环境情况知之甚少，没能力、没胆量出去。工作，对他们来说就像是监狱。

如何越狱呢？

适应还是第一步

“你为什么对适应现在的工作环境这么反感呢？”我并没有直接支招，而是问了一个触碰“雷区”的问题。

“没有意义嘛，我如果还能适应的话，也不会来咨询了。医生的业务，还有职场的那一套，我做得并不差。事实上，我做得很好，同事、领导、患者都是交口称赞的。”刘正光显得很自信。

“不喜欢这份工作了，你为什么还要做得这么好？”我继续挑战他的“雷区”。

“骑驴找马呗，我记得谁说过，骑驴找马，但是不要虐待驴。好歹这也是自己的职业经历啊，怎么也得对得起自己。”刘正光的回答似乎这是天经地义。

看来优秀的人自有道理。

“嗯，除了认真工作，这份职业还有什么价值？”我继续询问。

“积累人脉，积累能力，虽然我不喜欢，但是没准儿这份职业中积累的东西可以带到下一份职业中呢。”刘正光回答道。

“不是没准儿，是一定会。你不可能裸奔向下一个职业，那对你的损失就太大了。”我开始和刘正光一起分析这**越狱的第一步：练好本领**。

几乎所有的职场老鸟都会告诉那些心浮气躁的年轻人，一份工作你再不喜欢，也要先把它做好了再说。这样的调调让很多年轻人十分不屑，现在都是什么年代了，变换工作如此频繁，干吗要委屈自己做不喜欢的工作啊？这些说法似乎都对，我只是提醒一下处境：身陷囹圄，不能自已。

切不可幻想大墙外的生活就会五彩缤纷，错误地以为自己只是不知道有什么适合自己的职位，只要自己了解了信息，就会被用人单位疯抢。这越狱的第一步就是通过练好本领说明自己的职业能力的。**任何一个职业的佼佼者都很了不起，不要以为工作之间的差异有什么能力高下之分，只是在不同人那里，结合个人特质有不同的体现罢了**。马云当初在大学也是优秀教师，冯唐当初也是医学博士。

练好本领，就是通过用心对待职业，训练出自己的能力，好增加自己的职场交换价值，帮自己争取更多的主动权。

刘正光显然对我的分析十分认同，于是我趁热打铁，和他一起分析了做医生的才干训练积累，以及做管理咨询和做医生之间的关联。

“原来没想到适应职业会有这样的价值，这会儿让我更有期待了。”刘正光点头称是。

越狱三步法

心态沉稳，接下来反倒可以更快了。

越狱第二步：结识圈子，扩展视野。希望转行，进入一个之前陌生的领域，混圈子是一件特别重要的事情，尤其是希望把之前的积累兑现出来，如果从头开始，必将经历一个比较漫长的过程。如果高点切入，将自己的价值呈现出来，会迅速获得认可，进入快车道。

混圈子有好几种方式，其中，**参加培训和进修是一种便捷高效，既能迅速建立连接，又不会跌份的方式**。看上去花钱花时间了，但是通过培训进修，获得的不仅是知识和能力，还有对新鲜职业的了解以及适合性的判断，同时可以收获一个圈子和支持系统。通过上下游业务关系，建立职业的链接，可以获得更加快速的通道信息。也可以主动参加一些感兴趣的活动，拓展一些可能性。

混圈子有一个前提：你是有价值的，并且可以呈现出来。没有准备好交换，只是准备挖掘和吸收，那就不是混圈子，而是会丢掉圈子。

同时，扩展视野和圈子也是为了再一次保障自己的选择不是鲁莽的。

刘正光已经开始混圈子了，我们又重新将所有的圈子、价值、策略梳理了一下。

越狱第三步：创造机会，验证实力，走好迁移的第一步。

机会是等的，等的时候要练能力；机会也是创造的，练能力的时候机会就来了。圈子不等于机会，**对一个希望从职业困境中越狱的人来说，浮躁是大忌。有些是机会，有些只是诱惑，区分二者的关键在于，获得的价值是幻想的，还是确定的，是否符合常识和规律。**

有一点是肯定的，这一定会是转行中最艰难的时期，做好原有工作，实现能力迁移，混圈子，找机会，这需要非常忙碌才能把每个部分都做好。

如果有一天，有一个小机会来了，千万不要忽视这根橄榄枝，它是上帝的垂青，做好小事，才有更大的可能。职场社会就是这样的规律：

给你5分难度的事情，你做到8分了，才会继续给你7分难度的工作。**任何人的能力都需要验证，每个验证你能力的人都是你的客户**。

我帮刘正光把每一步的细节逐渐梳理出来了，并对所有事情进行了分级处理。看得出来，他确信而且有一丝担心，就像是一个念头悬在那里，等着尽快实现。我给他提供了一个信息：某家管理咨询公司在最近有一场医疗投融资的行业论坛，建议他参加。

“我知道这家公司！”刘正光很兴奋，“还准备参加他们的培训呢，我这就报名。”

迈出第一步很重要。

职场越狱，职业转换，只是个起点。

职场越狱并不简单，这也是给有胆量、有魄力，同时不愿意适应原职业，把那份工作看作炼狱的人支的招。当然，所有这一切，其实都是为最初职业选择时的懵懂和迷茫买单。

没有准备好交换，
只是准备挖掘和吸收，
那就不是混圈子，
而是会丢掉圈子。

转弯看见

脱离职场困境的锦囊妙计：1、停止抱怨，尽管你抱怨的内容无比正确，但是抱怨对结果往往于事无补；2、做好手上的事情，这是你可以脱离困境的最可靠砝码；3、扩展视野和圈子，展示自我价值，争取机会；4、抓住机会，验证实力，成功越狱；5、有可能的话，总结教训，下次不再掉入困境。

你可以追求你想要的样子

生涯咨询师的一个重要工作内容就是帮人**找回梦想，这项工作一共分三步：先帮忙画出梦想的影像，哪怕是幻觉，哪怕只可意会，这时候，咨询师得是个好画家；然后识别出乔装改扮的梦想，哪怕隐藏得很深，这时候，咨询师得有火眼金睛；最后，说服和似曾相识的梦想相认，这时候，咨询师还得苦口婆心。**

听了成功学，每个人都觉得自己应该是凤凰，回到现实里，又发现自己不过是只鸡。到了咨询师这里，才发现，**是鸡是凤凰不重要，飞起来再说。**

优雅的困惑

我和雅洁是在一次讲座中认识的，我那次的讲座主题是女性职业生涯发展。怀着对女性无比的尊重和敬仰，我分析了女性重要的社会角色对自我实现的影响，以及在不同生涯阶段，女性的尴尬和不同发展途径。

讲座之后，有不少听众围住我提问。没想到的是，有一半问题是关于孩子的，这时候，一个问题引起了我的注意："赵昂老师，您刚才说到的女性在有了孩子之后的自我实现，可以与职业进行结合，如果对原来的职业并没有太多热情，这怎么办呢？"

我抬头看了看，提问的是一位优雅的女士，从相貌上看，岁数不大，在众多听众里，她算是年轻的，脸上化着淡妆，穿着职业，显得干净利落。后来，我知道她就是雅洁，名如其人。

"职业有很多功能，我们不能期待职业一定要带来自我实现的价值。同样，也不能期待把自我实现的方式一定变成职业。这要具体分析职业在生涯中的作用，以及你追求的价值。在职业中自我实现，培养职业之外的事业线，都是很好的方式，但是，明确追求的价值才是最重要的。"

由于时间关系，对一个模糊的问题，我的回答不可能太清晰了。

一周以后，我的助理告诉我，雅洁约了我的咨询。

咨询之前，我了解了她的基本信息：互联网行业人力资源经理，主要做培训的模块。在现在的职位，所有工作已经熟悉了，在现在的公司，一时也没有太多发展的可能。她既感到逐渐成为老HR的危机，又找不到让自己兴奋的发展方向，同时雅洁还是一对5岁双胞胎的妈妈，她很想多照顾家庭。

我们在咨询中讨论了雅洁自己的想法。

毕业后先是有了两年的职业探索，一个偶然的机会进入人力资源领域，然后就和很多HR一样，做了十年的人力资源，其中做了五年的培训经理。对业务，雅洁已经很熟悉了，虽然公司文化开放，会提供一切可以尝试的机会，但是雅洁总觉得，要么没有动力，要么没有兴趣。和别的培训经理一样，雅洁接触过很多培训课程，于是也打算看看自己能否找到一个可以长期发展的职业？比如高管教练，比如咨询师。不过，这些目标似乎距离自己很远，要长久努力，缺乏动力，也拿不准。

我倒是对雅洁最开始的那段职业经历很感兴趣，英语专业毕业，初入职场的两三年，雅洁换了很多工作，做过翻译、做过旅游、做过行政、做过教育培训，每次的职业变化，主要原因都是一样的：轻松、好玩。

这个想法很有趣！一个追求好玩的人，如何在一个职业做了十年呢？而且，其间就换过一次公司。

关于天赋的梦想

雅洁自己作了总结：刚入行的时候主要动机就是新鲜，而且喜欢与人打交道，也相对轻松。后来换了公司，公司环境自由，鼓励成长，就一直待下去了，再后来，就生了孩子。这两年才感觉新鲜劲没了，工作也没有了挑战。老板和自己说过调换其他HR模块的事情，自己也似乎没有太大兴趣。关于升职，难度暂且不说，看到HRD的忙碌状态，雅洁就害怕了。平时总有猎头联系，但是，似乎职位之间没有太大差别。

“还有些什么打算呢？”“没了。”

“那么，其他的想法呢？关于兴趣的，关于理想生活的。”我开始做福尔摩斯了，希望激发出一些描述，好发现蛛丝马迹。

“其他的，也没什么了，就是一些兴趣爱好，我正在练小提琴，这是小时候的基础，好久不练都荒废了，现在陪着孩子学，又捡起来了。我也喜欢画画什么的，都只是爱好。”雅洁笑了。

“你有没有对理想状态的设想？如果不考虑生存，不考虑职业发展。”我开始祭出神器，召唤梦想了。

“那我就想要一个gap year了！想休息一下，能够多陪陪孩子，和他们一起学学东西。不过，具体要学什么，我也没什么想法，学一些技能吧。”

“这是你的理想状态？很难实现吗？有什么障碍？”我开始穷追不舍。

“外界倒没什么障碍，还是我自己不知道要干吗。”听到无解的回答，我开始窃喜了。我知道，继续问下去，梦想就会呼之欲出了。

我顿了顿：“间隔年不是你的理想状态吗？似乎你希望通过间隔年实现什么？”

雅洁想都没想地回答道：“我想做和天赋结合的事情。”

看啊！这不就是梦想？

有人会说，谁不都是想发挥天赋？还真不是，或者，一大半人都不是，或者，多数人假装是。有人为了挣钱，有人为了满足家人的期待，有人为了满足老板的期待，有人为了追上最潮的行业发展，有人……**追求发挥天赋的人得有能玩的基础，还得有敢玩的决心**。

做个幸福的女人

那么，雅洁的天赋是什么呢？

很多咨询师这时候会陷入另一个迷局：一定要帮客户找到一个令人惊异的才能，好像不发现一个怪异的奇人，就对不起咨询费似的。我把咨询记录摊在桌上，直接问雅洁：“你看看，觉得自己都有哪些天赋？或者说，一旦使用，就会很开心的能力？”

英语、帮助人解决问题、和孩子玩、小提琴、做饭、表演、翻译……雅洁在咨询记录上圈出了一个个关键词，最后，她自己笑了：“这么多，怎么玩啊？”

我直了直腰板，看了下表，一个小时二十分钟了，再有二十分钟就可以结束咨询。

我对雅洁说：“关注你的能力、你的兴趣，但更重要的是，关注这些词语背后更为本质的内容：挑战、多样性、新鲜、关系、艺术。这些才是你追求的理想状态。”

然后，我一字一顿地说：

你可以有很多种方式，去追求你想要的样子：

1. 你可以不用间隔年就开始给自己安排出来每天几小时的兴趣爱好时间，你不仅要玩，而且要玩出专业水平，把期待放下，生活就会多彩。

认真对待这些让你开心的机会，这本就是理想生活的一部分。

2. 你还可以用你自己理想的方式来工作，既然公司文化那么自由，就给自己设置一些非KPI指标的挑战，比如尝试讲一门自己喜欢而不熟悉的课程，比如尝试做一个新鲜有挑战的项目。

对一个职场老手来说，业绩结果并不重要，重要的是，你完成工作的方式是不是自己喜欢的。

3. 还有有趣的一点，所有爱好和兴趣并非“丧志玩物”，如果能尝试挑战兴趣和职业的结合，那也是好玩的一件事。我就知道一些和艺术相关的培训课，比如视觉化表达，比如艺术治疗，还知道很多培训师在学习艺术性地表达，你何不利用一下自己这个好玩的优势呢？

我看到，雅洁的眼睛已经开始放光了。我继续拓展。

4. 你对人、对关系那么感兴趣，还可以尝试在不同的圈子里进行交叉性的展示，不一定把自己的兴趣作为职业，但是**可以把兴趣作为与人交往和沟通的方式**。可以在妈妈群里讲音乐，在培训圈里讲艺术性表达，在舞蹈圈里讲烹饪，你会收获到很多成就感和意外的灵感。

“最后，”我看了看一脸开心的雅洁，“如果还没有明确的理想目标，不妨先把‘做个幸福的女人’当作自己的梦想吧。这也不是一件容易的事情呢。”

按照自己喜欢的方式活，才能慢慢活成自己的样子。

雅洁开心得像朵花一样，她说：“我总感觉职业不应该只是收入、业绩，但是似乎打不开，不知道除此之外还能做些什么。于是，我就陷入了别人都认可的生活里。现在，我知道了，我可以活得更幸福。做个幸福的女人，可以是我的梦想！”

雅洁离开了，我还在回顾我的咨询价值。

我并没有在雅洁的职业发展上指出一条明路，我也指不出来。关于行业趋势和职业信息，我想，作为一个资深职场人并不会比我知道的少，但之所以从未产生链接，是因为对自己有一个幻觉般的期待，这样的期待指向一个唯一的社会标准：又开心又玩命地工作。**就像是待在鸡窝里的凤凰在努力地学习打鸣一样，忘了自己有华彩缤纷的羽毛和一飞冲天的本领。**

在梦想前，人们总是既自大又自卑，自大到如果不唯我独尊就算不得梦想，自卑到做任何一件自己喜欢的事都谨小慎微。

是凤凰是鸡不重要，幸福与否只有自己知道。

每个人都有不同的梦想，
就像凤凰不必模仿公鸡努力学习打鸣，
忘了自己有华彩缤纷的羽毛和一飞冲天的本领。

转弯看见

梦想是人生的一道菜，可以做成终生难忘的宴席主菜，也可以做成天天享用的美味家常菜。这道菜需要三种食材：兴趣、天赋，还有愿景。这道菜有特别的讲究：所有食材必须是自栽自养，自己培育，借不得，买不得。不必艳羡别人的大餐，自己做的最有味道。

第五章
Chapter

奔跑在路上——用正确的姿势冲刺

- 爱好也能成为正职
- 安全感的枷锁
- 告别“苦闷模式”
- 在否定中起飞
- 从打工者到合伙人
- 愿景让天赋自由
- 不拿别人的梦想装点自己的人生

爱好也能成正职（上）

有人问我：“你做咨询师，有没有过无力感？那种无法帮助到别人的无力感？当别人对你的咨询评价不好的时候，你有没有过失落，甚至愤怒？”

我回答：“有过，而且很深刻。那也是我成为资深咨询师的原因。”

王尔德说过，经验是每个人为自己的错误取的名字。

我曾经把自己当作一个拯救者，希望拯救别人于水火之中，而且因为能力强、经历多，确实做得还不错。在来询者的赞誉中，我也享受着美妙的成就感。直到我经历了一次又一次无力感和被人否定评价的时候，我才清醒地知道自己的位置：我不过就是靠了些自己的经验和前人总结出来的经验，以及抽象出来的理论试图帮助别人的一个匠人而已。

有些事，我无能为力，我也当然可以无能为力！我的咨询并不神奇，更不是为了神奇得让人惊叹，产生醍醐灌顶之感。所以，我很接纳自己的无能，但不觉无力，因为“全能”本就不是我一定要去的地方；所以，我也很接纳来询者这样评价“似乎没什么效果”“没有我想象的好”，是的，或许在别处，在某时，有更适合你的资源。

顺势而为，不是为了省力，而是因为自知之明。

纠结源于心急

顺势而为，也是我希望传递出去的理念。

有一次，我接到这样一个个案：小魏，女，30岁，未婚，在上海工作，室内设计专业，做过设计师。爱好艺术，喜欢电影、绘画、音乐。英语很好，现在兼职做托福老师。在咨询收纳表的最后，“你有什么希望告诉咨询师”这一栏里，我看到的词汇是：homosexual。

我的词汇量告诉我，这个词的意思是：同性恋。

作为一名咨询师，我已经不是第一次接触同性恋的生涯咨询案例了，这个群体的职业发展有一定的特殊性，但也没什么奇特的地方。

小魏的困惑并不难解决。

我们一起分析了她的职业现状，在很多人看来，小魏过得也算是比较舒服了。虽然是兼职，但也没有“正职”，花了大量时间做培训，收入可以，做老师也受人尊敬，英语也被人认为是一种硬技能。但她纠结的是，教英语对她来说只是一种谋生手段，而自己似乎更喜欢艺术，很陶醉于电影、绘画、音乐，而这几个方面又都仅仅是爱好，充其量是一个超级发烧友。有没有可能把自己喜欢的事情做成职业呢？

我理解她，之所以纠结，是因为自己被两股力量拉扯着：一方面觉得不做自己喜欢的事情，此生就是白活了；另一方面，又觉得无论是年龄、资质、积累都不占优势。于是，就会心急，急火攻心，变得怎么做都不对了。

结，得从心急这里解。

解开纠结的方法也很简单：要么放弃，相忘于江湖；要么认真捡起来，十年磨一剑。

道理都懂，我却不能这么说。做起来很简单，关键是，为什么？

那些让人陶醉又无奈的爱好

我和小魏逐条分析她的爱好，让她描绘和各种爱好相处的经历，以及如果真的把这个爱好变成职业了，理想的状态是什么。

小魏告诉我，她最喜欢电影。不知从什么时候开始，她就把电影当作了自己生活的一部分，在电影院看，也自己在家看。她甚至认为自己对电影的喜爱有些“偏执”了，每次看电影前，都要做好充足的准备，像朝圣般专注，有些电影甚至会看上几遍十几遍。她感觉得到电影中人物的呼吸，感觉得到电影中那些直指人心的东西。

小魏喜欢看影评，有时候自己也会写一点，有那么一两篇发在豆瓣上的影评、推荐电影，关注度还蛮高的。小魏对电影就是喜欢，但是不知道该做些什么，没学过任何一项和电影沾边的专业或技术，不懂编剧，不懂摄影，不懂表演，不懂导演，就是懂电影。

如果有一天能做一些与电影相关的工作，看着一部部影片的制作、上映，体验着不同的故事，小魏就满意了。

看得出来，描述的时候，小魏陶醉了，陶醉于自己根本看不清景象的感觉里。

她接着说音乐，说各种各样让人轻狂，让人忧郁，让人喜悦，让人沉静的音乐。想了想，小魏确实找不到可以和自己的经验链接的工作方式。“或许，每天有时间听听音乐就很好了，这也是我生活的一部分。”

小魏满足了。

我看过咨询收纳表，在那里面，小魏描述了一件让自己特别有成就感的事情。初中的时候，因为一次偶然的临摹，她画的一幅漫画被传遍全班，那时候的她特骄傲。后来得到老师的鼓励，学了一段时间素描，再后来还学了室内设计，只是毕业后发现学了室内设计根本做不了设计，一般人家装的时候都不会为设计买单，而自己的能力又还没能做到设计师的水平，只能靠以设计为名卖卖材料过活，那不是设计，是销售，是“会忽悠”的农民工。

“现在，你还喜欢绘画吗？喜欢设计吗？”我问小魏。

“喜欢，但是恐怕也是做不了了吧？其实，我也有设计师的梦想，我对国外设计师的职业状态非常向往，外国人普遍的审美品位比较高，都很看重室内设计，如果能做一名真正的设计师就好了。”小魏回答道。

把爱好落实到计划

“现在，有了电影、音乐、绘画等方面的爱好，我看得出来，你希望追求的不仅是一种职业，还是一种生活方式，有对美和创造力的追求。你觉得是这样的吗？”我探询道。

“是的是的。”小魏频频点头。

“那么，还有没有别的你想过的，类似能实现你的这些追求的职业或者工作方式？”我继续问。

“赵昂老师，你说还有哪些呢？”她反问我，“我喜欢的就是这些艺术性的表达和表现。”

咨询师经常被当作可以回答十万个为什么的“白胡子老爷爷”，特别是关于职场信息方面的。这也无可厚非，要不咨询什么呢？

对信息的关注，有的时候，咨询师比咨询客户更迫切，不是说人们总会关注自己缺失的吗？因为他们缺这个。然而事实是，对80%的信息，任何一个人只要下点功夫就可以从网络上找到，15%的信息属于非常个性化的，需要找真正的行业资深人士聊，才能获得。而剩余的5%的信息，一般是关于商业机密或者真正的行业趋势的，你不知道很正常，如果能通过咨询获得，就太廉价了。至于咨询师，也不必要强行将自己伪装成一个无所不知的查询机器。

这是一个基本判断，**人们最缺的不是信息，而是对信息的重整和使用**。

“根据你能想到的兴趣爱好，我们已经可以得出一些具体的可能性了，我们不妨先在这些可能性中探索。你没关注过的领域，可能还不是你目前需要涉及的。”

小魏同意了。

我列举了几类职业，引发了小魏的思考：影评人、编剧、制片人、自媒体、设计师。不仅仅是列举，我和小魏整整用了一个小时的时间，逐一探讨每个选项。其中，我看到小魏对有些选项基本是陌生的，只是听说过而已，比如制片人；有些选项有太多的尴尬，比如设计师；有些选项前途未卜，比如影评人。就像中医的按摩一样，我们逐一找到每种可能性的纠结点，疏通开了，下一步行动自然也就计划出来了。最终，小魏列出了自己的计划：

靠教英语挣钱谋生，业余时间做设计，争取混进理想的设计圈，同步提升设计能力，有可能就去进修。把空余时间留给自己的爱好，并且要聚焦，争取玩出专业水平，多写影评，坚持不懈，有时间就做自媒体。

回到最初，这样的计划有“去心火，安心神”的功效。

这一切看上去还很务实，我们把计划制订到了细节上。

小魏的表情也有些放松了，但我似乎在小魏的眼神里看出了一些欲言又止。“小魏，你看，我们的计划已经清晰了，关于职业发展，你还有什么困惑吗？”我问她。

“在收纳表里我也写了，人际关系也是我希望在咨询中解决的话题。”小魏似乎是鼓足了勇气的。

我看了看表，已经快两个小时了。“这样吧，我们的时间差不多了，时间太长不利于咨询效果，你先回去完成我们的作业。下次咨询的时候，我们专门探讨职场人际关系问题，我建议你把平时遇到的职场人际关系问题的具体表现事情写出来，这样我们下次咨询的时候更有针对性。”

“我这次是正好出差来北京，下次我就不一定过来了啊。”

“没关系，我们还可以电话咨询，这期间如果你有着急的问题，也可以发邮件给我。”我微笑着看着小魏，知道她有一些犹豫，但是为了保证效果，咨询时间必须保证。

下次正好可以开启一个新的话题。

为了不那么孤独，
我们尽量让自己和别人一样。
但是内心总有一些不同的个性，
作为我们的一部分，
我们要爱护它。

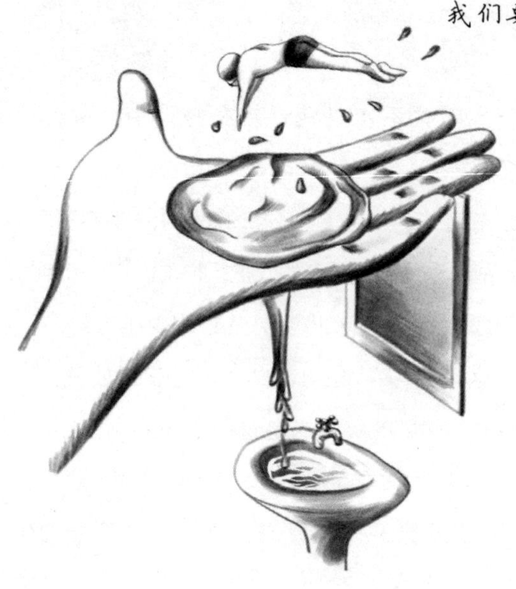

转弯看见

兴趣爱好和职业之间的关系，总会是一些人的纠结。明白这几点，可以解开纠结：1、职业可以用来谋生、获得成就、实现理想，兴趣爱好可以用来交友、打发时光、愉悦身心，二者可以不在一起。2、两者重叠的部分越多，要求就越高。3、如果希望兴趣爱好成为职业，你就一定得为这个梦想努力，还得有耐心。

爱好也能成正职（下）

有这样一群人，他们有动力、有愿景、有意识改变自己的命运，却游离在了“主流”社会的边缘，他们该如何定位？他们的前途在哪里？

性格影响职场关系

十天后，我们如约开始咨询，通电话的时候，我明显地感觉到小魏的情绪高了起来。她告诉我，原来以为咨询会直接告诉她怎么做，所以上次刚咨询完的时候，有一些失落。但是回去做了梳理，并且认真地想了自己的可能性，竟然自己想通了。

她说:“我发现，我要做的事情是回避不了的。”

拿着电话，我笑了。**每个人都是自己的专家，来做咨询，只是在恰当的时机给自己一个合适的机会，通过别人的帮助做一个升级重启罢了。**

看上去，职业发展的困惑已经问题不大了。

“小魏，你上次说到你的人际关系问题，现在需要分析吗？”我问小魏。

“主要是我的性格，我总和别人想的不一样，我追求的是真诚，但是在职场上总有各种虚伪和敷衍。我又希望别人都认可我，希望自己能随群，就不知道该怎么办了。我担心我的性格会影响职业发展。”小魏虽然在描述困惑，但我明显感觉到了电话那端的温度，更加开放，也更加信任。

我开始和她对话：

“你担心什么？”

“我担心自己的性格。”

“担心性格的什么问题？”

“担心性格不适合职场。”

“为什么会有这样的担心？”

“职场需要很好的交际能力，需要和别人能打成一片，而我的性格恐怕不适合。”

“哦，你认为性格等于职场交往能力？”

找到小魏的这个信念，我就开始和她分析性格和职场交往能力之间的关系。让她知道，**性格没有好坏，是一种为人处事的方式，每种性格自有其优势。不管是哪种性格都不能回避职场能力的提升**，找到适合性格的沟通交往方式，大家就会都舒服了。我希望她能明白，接纳自己，拥有自信，才会让自己在职场上的表现更自如。

约定的安心

小魏似乎明白了，又似乎打开了自己更多的回忆，她和我说起了自己的家庭。“我妈妈总觉得我不够好，总批评我，说我不合群，时间久了，我也就这么认为了。而且，我那个，我不知道怎么说，我有一个特点和别人不一样，我不知道该怎么说了……”

小魏有些支支吾吾，我想，她对我更加信任了：“你是说你的性倾向吧？”

“是的是的。”我感觉得到，电话那端的小魏此刻已如释重负。

“我认为，不同的性倾向没什么对错之分，我也认为，性倾向是一种隐私。虽然我从收纳表里看到了你填的内容，但如果你不说到和职场的关系，我也不会和你谈这件事。”我平静地说出了我的观点，“那么，你觉得你的性倾向对你的影响是什么？”

小魏和我说起了她被之前的老板嘲笑的事情，说起了被别的同事骚扰，说起和现在的女朋友之间对未来发展的冲突，这些事情每一件都和职场有关。

同时，我也知道，这些事情每一件都和之前的规划没有冲突。

我和小魏说了三点：

1. 你首先需要接纳自己，接纳自己的正常，不把自己当作另类，你才能更好地融入社会。

2. 把工作和私生活隔离，意识上隔离，这样，你的职业发展才会正常。

3. 你选择了一个相对小众的生活方式，让你能够舒坦一点的是，在工作之外，可以找到更多相同选择的人，寻找支持系统。

我舒了一口气，对电话那端的小魏讲：“从某种意义上讲，**我们每个人都是孤独的，所以，我们尽量让自己和别人一样。但是内心总有一些不同的个性，作为我们的一部分，我们要爱护它。**”

“嗯，谢谢赵昂老师的理解和鼓励。”小魏说，“我想，关键是我不要再把自己封闭起来。”

“那么，就和这个社会来个约定吧！”我提高了声音，“你给那些不被多数人接受，甚至有可能给自己造成伤害的特点找一个活动范围。然后，你游走在不同的角色里，让每个部分都相安无事。不必纠结，不必过分关注。随着你能力的增强，你要么切换得游刃有余，要么整合得越来越密切。反正，会越来越舒服的。”

我补充道：“前提是，你要知道你在每个角色中存在的价值和意义，这不是别人赋予的，一定是你自己最想要的，这样，才会活得充实。”

小魏像是找到了救星。听我和她说完，“嗯，嗯，”电话那端，感觉像在一个劲地点头，又像是在涨红了脸搓手，“没什么了，我都明白了，我觉得基本上没什么了。我觉得特别开心，和你聊天，三天三夜都可以。”

“谢谢你！希望能帮到你。”

“不瞒您说，以前我想过移民的，现在不会了。”小魏很可爱地说，“真没什么了，咨询得很明白，我知道该怎么做了。”

小魏在咨询最后总结道：“说起咨询的价值，可以用两个词概括：安心和信心。以前自己也做了很多思考，但总不安心，现在总算安心了。而且感觉未来也不会是一片黑暗，而是充满了信心。”

我在最后总结道：“你一路走来，带着自己的梦想和辛苦努力，过来和我探讨未来的可能。**你的认真和对自己的负责，让你看到了更好的自己，所有改变都会在未来发生，困难一定还在，但是你会更有力量。**”

这些话是对她讲，也是对我自己讲的。

别忘了你和这个世界的约定，做最好的自己。

转弯看见

我们每个人都有很多角色，分别在不同的场景、领域、圈子、氛围中。你可以让这些角色有所联系，也可以让它们互不相干。一个成熟的人善于把握关系的界限，从容地游走于关系之间。因为他们和这个社会有个约定：做最好的自己。

安全感的枷锁

我的咨询中有一类来自体制内的“不安分者”：一方面已入体制多年，但仍有各种水土不服，不喜欢人浮于事的行政作风，不喜欢各种应酬和人际交往，也不喜欢忙忙碌碌而无成就；另一方面，觉得自己应该还有能力尚未展示和发挥，心有不甘。于是就开始纠结了：想出去吧，有点担心，毕竟精彩的世界也处处险恶；不出去吧，一眼望到头的职业发展又太让人郁闷了。

体制内的职业发展既具备了相对稳定、规则有序、有保障的特点，也有晋升困难，人际关系能力要求强，市场可交换技能相对单一等特点。像所有的职场一样，体制内发展得好的，一般都是因为两种原因：能力特别强，人脉特别好。那些希望从体制内跳出来的人，之所以纠结，主要是因为被安全感束缚了。

后悔当初的选择

高飞，男，29岁，南方某高校的一个大学辅导员，为了做咨询，专门乘飞机到北京。咨询室里，刚坐下，他就开说了："赵昂老师啊，你一定要救救我啊，我在单位里待得太难受了，我知道你是这个领域的专家，是大师了，你一定有办法的。"

我立刻警惕了，对于这样见面称"大师"的人，一般只会把自己当大师。**之所以先给我戴上高帽子，是为了给自己的无能找一个替罪羊。**我赶紧说："您别这么说，我只是一个职业生涯咨询师，我们一起来探讨您的职业困惑吧。"

说起来，这个高飞也是一个人才，硕士毕业就想办法留校了，虽然日后后悔了，但在毕业时他可没这么想，而且还是被同学艳羡的对象呢。可不吗？稳定、清净、社会地位高，还有两个假期，另外，在学校还有氛围可以持续学习。可是这些优点在两年之后全都变成了缺点：一潭死水、徒有虚名、经常加班、劳动不被认可、整天做些烦琐的事，至于学习，学习还有什么用呢？

为什么会有这么大的认知变化呢？难道是发生了什么事情？

"当初能够留校，也是同学中的佼佼者吧？"我看到高飞有些得意，又有些失落，"当时没有找之前的学长们聊过吗？关于高校辅导员的工作情况？"

高飞摇摇头说："聊是聊了，也大概知道一些情况。不过，当时就觉得留校指标少，争取到不容易。就选择性地忽略了一些负面的情况，觉得我会和别人不一样。"稍微回忆了下，"另外，当时的就业情况并不是很好，我的同学们并没有太好的去处，一些招聘的公司连名字都没听说过。我们学校不是什么名校，没有什么大公司来招聘。于是，我就想，好歹高校比较稳定，家人也很认可，社会地位比较高。"

我意识到，视野、惰性、社会评价的综合作用让高飞做出了现在看来似乎有些遗憾的选择。“那么，现在你怎么想呢？”我问高飞。

“我觉得这份工作真的没意思，我原来想着可以慢慢读博士，再转做专业教师，或者能够获得领导的赏识。可是，现在呢，三年过去了，眼瞅着昔日的同学都开始成为自己公司的骨干了，收入也早就是我的两倍，我却依然做着小辅导员。”高飞开始了对工作的种种抱怨。

他也不是没有做过努力，不甘寂寞的高飞想过考公务员，想过考博士，想过创业，升官梦、发财梦都做过。在给自己设计了种种出路之后，思来想去，还是不行，总有担心，于是就找大仙算命来了：赵昂老师，你看我这么走行不行啊？

我清楚地知道，体制内躁动不安的人有两处致命的死穴：眼高，手低。我也清楚地知道，不管什么职业环境，有想法、行动力强的人都差不了。其实只要这些问题想明白了，基本上问题也不大了：

做过什么尝试吗？知道风险不？想过应对措施不？准备怎么做？

安全感带来的无能感

可是，偏偏会出问题的。

“就是啊，赵昂老师，我就是不确定啊。”高飞摆出一副慎重思虑之后的样子，“你说，公务员如果考上了，但是仍然像现在一样没发展怎么办？如果博士好不容易考上了，读几年出来没有机会进高校做教师了怎么办？大家都说创业的难度大，要是失败了怎么办？”

是啊，这本就是风险啊，怎么办？应对呗。**如果一件事毫无风险，那它可能本就不值得做。但是如果一开始就希望获得一个努力之后的确定结果，就像是一个希望以小博大的赌徒一样，要么彻底破产，要么不**

敢下注。

这个道理容易懂，高飞却依然这么想，而且求助于我告诉他下注必胜的秘籍，是因为他害怕，比三年前还要害怕。

表面看，稳定的生活带给了他安全感，但是对一个志不在此的人来说，带给他的还有枷锁。这样的枷锁是让人对环境产生的依赖，是一种无能感。**安全感背后，在内心是深深的不安全**。也正是这样的不安全感让他们本能地思变。

思变，但是浑身被紧紧束缚了，于是就希望得到一个理想的结果，或者说希望得到一个经过确定期限、确定努力就可以得到的确定结果。几乎所有被“体制化”的人都会这么想，这种体制，不是实指的体制，更不指某种职场类型，而是一种安全感的束缚。

我想起了电影《肖申克的救赎》里关于“体制化”的一句话：开始你会痛恨它，然后慢慢习惯它，最后你会依赖它。就是这种依赖，让一个人失去的不仅是能力，还有自由的心。**自由的心从来不会畏惧不确定，也不会把自己铆钉在确定性上。**

对高飞来说，他的无能感是真实的。我要帮助他提升能力。

贪心的幻想

“如果在高校里面发展好了，你还打算离开吗？”我问高飞。

“那当然不会了，在哪里都是发展嘛。不过，”高飞有点警觉地问，“你说的‘发展好’指的是什么？我现在似乎看不到啊。”

我从“初衷”开始，和他说起体制内的几种可能：

当初进入体制，一般有这么几种情况：冲着安逸稳定去的；被各种有形无形的压力迫使去的；实现自己的一些理想去的。

如果是第一种情况，就不要得了便宜还卖乖，虽然各种机构的分工不同，未必都能安逸，但是若安安分分地工作，稳定是一定会有的。

无奈进入的呢？我也表示无奈，在这样一个多种可能性的时代，我不相信被迫这件事，如果你情愿把自己交出去，那就需要为之负责。

其实，我认为只有最后一类人才是真正的心有所属。在他们看来，进入体制，是为了自己的一些抱负和理想。因为有了抱负和理想，他们才不会在意收入和权力，才不会在意一时之得失，不管做什么都能做出自己的理想。这样的人，会通过自己的努力发展出更大的平台，不会企图跳出来的。

进入体制之后呢？有理想有抱负的，做得开心；能够适应职场的，做得顺心；彻底绝望的，做得死心；只有不甘、不安、不定的，会做得揪心。

为什么会揪心呢？就是因为太纠结了。在他们眼里，无论哪种职场都是既看到了机会，又看到了风险，就是没看到自己的内心。

“那我就是揪心了？”高飞问我。

“不，你是贪心。”我直接回应他，“你进入高校时的动机就有问题，你希望获得的和学校提供的，本不一致。怎能不拧巴呢？**你不是抱着理想进去的，而是抱着幻想进去的。**”

“那我怎么出去呢？”高飞又回到了最初的问题。

“不再抱着幻想出去。否则，无论逃到哪里，哪里都是失败。”我向高飞亮出了他的底牌。

职场之间的转换，除了方向，更重要的是一种思想准备，就像从一艘船跳到另一艘船上，总得准备好下水。实际上，越是担心选择不对，就越容易落水。而没有心理准备的人，会把暂时的落水视为跌入深渊，

永世不得翻身了。

一直追求的安全感，此时，成为一种限制。

高飞明白了，也失望了。他并没有获得一种“仙人指路”的方向，反倒是被泼了盆冷水，从头到脚，湿冷湿冷的。

我告诉他，不管走向哪里，继续在原单位发展也好，转换职场发展也好，都要把现在作为原点。不要和现状对抗，要充分利用现在的资源。人脉关系是资源，自己的能力是资源，未来的期待是资源，充分的时间和充沛的精力也是资源。对未来的迷茫和焦虑是因为自己没有拿得出去、可以交换的价值，先要计划着如何利用现有资源做些事情，让自己增值，而不要只顾着焦虑。

只有把现在做好的人，才能把握好未来。恰恰是这个时代，确定的结果都不值得拥有。

职业转换，无论怎样的路径，不管是一口气跳下水扑腾，还是踩着晃悠悠的木板过船，走路的，终究是自己。担着风险，心怀忐忑，这是必然的，路径容易设计，彼岸不一定是乐土。

乐土在自己心里，这是大师也无法知晓的。

稳定带来安全感的同时，

也因依赖的枷锁带来了深深的不安全。

转弯看见

选择职业就像选伴侣，你选择了最吸引人的一面，同时也要做好准备接纳它最糟糕的一面。一份理想的职业是经营出来的，不是幻想出来的。你对一份职业足够喜欢，就要专注；你对一份职业足够讨厌，就要立刻转换。成本最高的就是骑墙，如果把所有的精力投入在纠结上，这一生只会一事无成。

告别“苦闷模式”

职业生涯咨询中，求助者多数都是面带愁容的：职业发展遇到瓶颈了，未来方向迷茫了，上司关系处理不好了，工作压力大了，诸多机会无从选择了……

有不少人问过我一个问题：每天咨询的时候要面对那么多的“负能量”，是不是会身心俱疲？是不是需要不断调整自己？我说：不会，做完咨询之后，我一般都会能量满满。秘诀有二：**我总能看到这些“负能量”背后的价值；我总能看到“负能量”转化的可能。**

职场负能量弹

我做过这么一个咨询。

生活在三线城市的周先生在银行工作十多年了，从柜员到后台，再到对公业务，几乎熟悉了所有的业务岗位。他没有享受到工作的快乐，也没有随着时间的积累感受到自己对工作的热爱。相反，他总感觉压力巨大，内心充满了抱怨。

他的收纳表里这么写道：工作十多年，收入依然是每月四五千块钱；总是加班，以至于很难兼顾家庭；不甘心作为一名小职员，但是又看不惯别人通过各种潜规则的晋升和发展；感觉自己总是低人一等，缺乏成就感，没有被尊重；工作也没什么起色，辛辛苦苦却劳而无功，感觉很努力了，却总是没业绩。

咨询中，周先生总是这样说话："赵昂老师，你说，我怎么这么倒霉呢？"然后就开始描述他的"倒霉事"，仿佛世间所有的苦难都被他一个人承受了。**这样的一个人，就像一个巨大的负能量弹，遇到点不愉快就会立刻被点燃，以至于时间长了，周围的人都躲着走。**周先生自己非常清楚这一点，他告诉我，就连自己家人也说：别抱怨了，愿意做就做，不愿意做，就回家吧。

你周围有这样的人吗？这是个典型的"活得苦闷的人"了，我们可以假想他的人生轨迹：**这样一个沉醉于自怨自艾的人，最终要么把自己折磨疯了，要么是漠然地接受了现实带给他的苦痛。**但是，在这个轨迹继续下去之前，他选择了救赎自己，所以选择了咨询，虽然也没抱什么太大的期待。

苦闷事件列表

我准备和他一起探索三个问题：

第一个问题，同样一件事，你和别人的做法有什么不同？

我对周先生说："具体说说看，你的那些'倒霉的'事。"这是周先生最擅长表达的部分了，那些他无人诉说的"苦闷事件"总算有人愿意倾听了，从工作说到生活，从一个业务说到上司关系，从刚进银行说到周围人的升迁发财，如果我不制止，估计他可以说上一天一夜。

我问他一个问题："周围还有多少人最后的结果和你一样？"

结果可想而知，苦闷人的眼里，只有自己最苦闷了。周先生摇了摇头说："一起入职的，都比我发展得好。做同一件业务的，都有比我好的业绩。同样辛苦，就我没有晋升机会。"

看他还要继续诉苦，我赶紧继续发问：**"为什么同样的环境，差不多的起点，相似的工作，唯独你会出现这样的情况？"**周先生是一个心思缜密的人，平时做了不少观察，这个问题也有现成的答案：张三八面玲珑，李四有好机遇，王五碰巧有做企业家的舅舅。还有，我学习了很多业务，我跑了很多客户，我总在加班，而这些，别人都没做。

于是，我把咨询记录分成了三栏，分别是"苦闷事件""别人做的事情""自己做的事情"。我请他给每次的苦闷事件起一个名字，告诉我最后不同的结果，然后再告诉我原因，是因为别人做了些什么，而他自己又做了些什么。

就这样，我记录了一整页纸。

苦闷的价值

接下来，我继续问了第二个问题：**"我看到了你和别人对待同样的事情上，有不同的行为。那么，是为了追求什么价值，让你会有这样的选择呢？"**

周先生一下就沉默了。在他的逻辑里，似乎就没有什么是可以选择的，所得到的结果也是无奈之举，更谈不上有什么价值了，这个问题让他那颗浮躁的内心忽然安静下来了。

沉吟了一会儿，周先生发现了问题：“我其实就是希望以严谨、客观、公平、自尊的方式获得成就感，我不愿意同流合污，不愿意求人帮忙。有亲戚愿意帮我，但我想靠自己的实力；我也知道向领导汇报工作要讲究说话技巧，但我就是想说实话；我也知道学历重要，但我就是觉得在职混个文凭没有意义……”

原来，那不是巧合，是坚持；那也不是无奈，而是选择；那就不该抱怨，而该悦纳！我引导周先生在苦闷列表中加上一列：我在追求的价值。

既然是选择，一定会有放弃，拿起来一样东西，一定会先放下一样东西。我问周先生：“**你还会拿着自己想要的那样东西，站在放下的东西旁边哭泣吗？**”

内心的贪婪往往会让我们对放下的价值恋恋不舍，很多人也都是因为恋恋不舍而停滞不前。慢慢地，当自己韶华不再，因为没有珍惜，手中的宝贝也贬值了。于是，唯独剩下了遗憾。

贪婪的内心总是希望占有，而不是拥有。占有是长久的，也是短暂的，短暂到每样东西都有生命周期。拥有的东西从不属于自己，只是在发挥价值的同时，让生命的价值也增加了。

放下执着，自然快乐

周先生有些明白了，似乎也有些失落。

于是，我们一起探索第三个问题：“**你有自己的选择，每个选择也都有自己的价值。那么，怎么让你的选择变得快乐些呢？**”

我和周先生把刚才那些苦闷的事情一件件摆了出来，在“选择的价值不变，做事的结果不变”的前提下，我问他：“你怎样才能让自己活得轻松、愉快？”

“价值不变，结果不变，还要快乐？”周先生像是问我，也像是在问自己。

沉吟了一会儿说：“也有可能啊。”周先生悠悠地说。

可以不在意领导的批评，只管按照规定办事；可以不必替别人承担责任，让自己心情愉悦；可以充分享受制度的优厚待遇，业余时间充电、提升能力、结交人脉；可以加班之后先不回家，邀上三五好友吃串喝酒K歌；可以利用年假和老婆孩子出趟国……

“只要先放下对什么都想得到的执着，快乐自然就容易创造出来了。”周先生忽然感悟到了。从他的脸上，我看到了笑容。

我们不喜欢苦闷，于是调侃这个词，在挣扎中苦笑。只是，有没有想过，**我们只是在竞争中，在别人设定的标准中，选择了“苦闷模式”而已**。

苦闷模式让我们浮躁地认为，幸福的生活标配需要高昂的代价，苦闷模式又让我们急躁地赶往一个又一个目标。有一种苦闷是一旦设定了这样的模式，你就把自己放进了圆形笼子里，一刻不停歇地疲于奔命。还有另一种苦闷，是在和这个社会的抗争中边缘化了自己。

好在，这一切都是有价值的，**当你看到了自己的选择，当开始意识到可以自己设定人生模式的时候，你就可以选择开启不同的可能。**

人生，就变得好玩了。

只要先放下对于什么都想得到的执着，

快乐自然就容易创造出来了。

转弯看见

有一种不安心是没有把心安好，总看到自己的付出和别人的收获，是无论如何都不会幸福的。在“苦闷模式”中，人们是没有选择的，只能被动地接受，时间久了，自然是牢骚满腹。不要贪婪，问自己为何选择，又为何放弃，为自己的选择买单，拿回选择权，掌控自己的命运。

在否定中起飞

我是一只小小小小鸟，想要飞呀飞，却飞也飞不高……赵传的歌唱出了很多人的无奈，悲怆中充满了孤独。

这样的“悲情小鸟”在我的咨询中并不少见：一方面内心渴望着成就感，渴望着被认可，甚至背负了家族的期待；另一方面渴望自由，渴望展现才华，渴望和别人一样做自己喜欢的事情。纠结、自卑、压抑，战战兢兢、无可奈何，又充满愤怒、无处可逃。于是，生涯在压抑的基调里唱出了悲伤的歌。

惊弓之鸟

胜男是个女孩子，从她的名字里我们就能看出家庭对她的期待：希望是个男孩，但是女孩也要当男孩养，还要胜过男孩。

咨询的资料显示：28岁，职业状态是离职，离开上一份工作的时间是半年之前了。曾经做过编辑，后来又做过策划。希望通过咨询来进行能力探索，进而明确自己的职业定位。在胜男的求职意向里，她想做一名陈列师。

我们的咨询约在了咖啡馆。

我先请胜男对自己的职业经历进行描述，我想从中分析她的个人特质。

曾经，她拥有一份令父母骄傲的稳定的编辑工作，在将要拿到一个别人都很羡慕的“编制”之前，胜男辞职了。她说自己受不了体制的束缚和人际关系的压抑，即便做得好，但是眼瞅着那个体制金丝笼，却越发担心拿到编制之后，永远待在一个自己不喜欢的地方。

飞出去的日子并不像想象中那么顺利，先开始做策划，后又慢慢喜欢上了陈列师这个职业。于是开始利用业余时间学习，后来辞职专门参加了培训。培训结束后，本来有几个不错的工作机会，却稀里糊涂地错过了，等缓过神来再找工作时，却没有合适的了。

在简短的介绍之后，就说到了最近一份工作的离职。

胜男面带羞涩地说：“赵昂老师，我必须告诉你，我是被辞退的。”主动提到这个，说明对她来说很重要。

“能说说原因吗？”我好奇地问她。

原来，胜男所说的上份工作还只是在实习期。有个同学来北京找她，她就请假出去了。她说，按照他们公司的规定，实习期间不能请事假。在说这件事的时候，胜男充满了悔恨：“我真不该请假，只是我不好意思拒绝朋友。老师，这是我的职业化不够。您说，我是不是需要提升我的职业化能力？”

“等等，你刚才说请假了，那么，准假了吗？”“准了。”“你知道实习生不能请事假这个规定吗？”“不知道。”在这件事里，我看到的不是职业化不够，而是胜男满心的委屈和一脸的惊慌，她需要主张自己的权利。

“可能我就是总容易犯错误吧，我都不知道我能做些什么了。”胜男不仅没有原谅自己，反倒更加肯定了自己的归因。为了向我证明她的错误，还讲了在做编辑的时候，因为粗心犯错，被领导批评。工作中，每个人都难免犯错，但是因此被错误羁绊，或许就是她不能继续发展的原因了。

在胜男的描述里，“错误”成了一个主题。

我是不是就不该这么折腾？我是不是想得太多，根本就没有什么能力？我是不是就应该在一个稳定的工作环境里待着？我真不该粗心，我真不该错失宝贵的机会，我真不该总照顾人情面子。

我仿佛看到了**一只本欲自由飞翔的小鸟，在经历了风雨交加，经历了顽童的弹丸袭击后，被吓成了“惊弓之鸟”，做事情小心谨慎，再不敢飞上枝梢**。

先医好翅膀

这时候，我没有急于帮她寻找职业的可能性，也没有急于帮她梳理适合自己的工作。我知道，这都很简单，但是帮她医好那双被“惊吓”打折的翅膀，才能让她重新飞翔。

我看着胜男，缓慢地说：“看上去，你总在验证别人对你的负面判断，说你‘不稳定’‘不职业化’‘能力不足’‘做事粗心’。可是在我看来，你只是在追求自己的生活方式。你希望能够获得别人的认可，可是猎人的目标和小鸟的目标总不会是一样的，于是你奔跑在讨好和自由之间，甚至是有些挣扎。别人的评价或许有道理，但那本就和你的期待不一样，当你不再支持自己的时候，你就彻底失败了。”

胜男哭了，掩面而泣，肩膀抽动。我知道，这是因为她看到了那个委屈的自己。

慢慢平复情绪后，胜男和我说起了她上小学时，因为一次考试失误而被“罢官”的经历。因为是生涯咨询，我没有和胜男过多谈这件事，但其中的脉络已经被来询者自己找出来了。

静静地听完，我邀请胜男做了一个练习：找出几件职场中让胜男“耿耿于怀”的事情，我们一起修改讲述的方式，以“我为了追求……”开头，看看能怎么讲。我希望她能和我一起看到每件事的价值和意义。

开始有点难，胜男不太适应。我就带着她一起做。“我为了追求温暖的友谊，就在主管同意的情况下，请假了。”胜男在后面加了一句，“我会从中吸取教训，让自己更好地职业化。”

我笑了笑，说：“后面那句可以先不用加上。”

于是，之前那几件事就变成了：“我为了追求能力体现……”“我为了追求成就感……”“我为了追求生活中的艺术和美感……”

“太棒了！”我告诉胜男，这就是你自己。“成就感、艺术、美感……”就是很多人说的“价值观”。**为了你的追求，困难和受挫只是一种必经的考验和提醒罢了。**

现在，我们可以看看陈列师是不是适合你的职业方向了。

鸟儿起飞

咨询进行得很顺利，胜男本就参加过陈列师的培训，也有这个职业的人脉，她的担心才是最大的障碍。咨询过程中，我陪伴她做访谈，做梳理，最重要的是让她看到一个可以飞上的枝丫，看到目标并不遥远。我帮她做面试辅导，修改简历，其实是在帮她调整对自己的认识。

胜男给我写的邮件里说，5年后的我会对现在的我说：“别气馁，你一定猜不到，跨过这个小阻碍，有多么美好的生活在等着你！”

我为胜男高兴，也知道她依然会摇摆。多次的惊吓，那只小鸟不会那么快就飞起来。于是，咨询结束的时候，我留了一个作业给她：每天用十分钟的时间和自己对话，鼓励和赞美自己，必须用积极正向的语言，不能有任何批评，甚至不要有建议。这时候的小鸟需要的是呵护。

三个月后，我接到了胜男的电话，电话那端自信而快乐的声音向我报告了她求职成功的喜讯。她说：“是正确的思维方式帮助了我！陈列师是我最想做的工作！”

“也许有一天我栖上了枝头，却成了猎人的目标……”这首歌里充满了悲情，还有宿命。小鸟就活该趴在草丛里，一旦飞得高了一点，就会被猎人看到，被人打击。其实，打击不是常在的吗？**小鸟还是鹰隼不重要，飞多高也不重要，重要的是被打击吓怕了，飞都不飞了，那就只有等死了。可悲的是，不能飞翔是一次又一次自我恐吓的结果。**

是鸟就该飞翔，鹰隼有搏击长空的自由，小鸟也有栖息枝头的自由。无论任何时候，是鸟就不该把自由的权力交给别人看管。

鸟儿的飞翔，是鱼所不明白的。

不管是鹰隼还是麻雀，

都不该把自由的权力交给别人看管。

不管他人如何评价，

支持自己起飞。

转弯看见

有一种自卑是长期被最亲近的人否定和打压的结果，以至于自己丧失了追求梦想的信心。经年累月，这样的否定已经长在了心里，即便没有别人的意见，自己也会否定自己。重塑信心需要慢慢来：每天，无理由地关照自己，赞美自己，然后再慎重地、有理有据地否定自己。

从打工者到合伙人

世人都以为把鸟儿关进笼子，让它们失去了自由，似乎是一种残忍。但是，有没有想过，一只在笼子里待久了的鸟儿，它还想不想回到丛林里去？获得了自由，却失去了安逸。

职场不也是这样？很多人选择进入稳定的行业、企业、职业，很多时候就是奔着安逸去的。但是往往身处安逸的人又会想，我怎么没有别人自由呢？他们没意识到自己已经把自由出卖了。

各安其命是一种选择，难的是穿梭在不同的状态中。不管是笼中鸟入林，还是林中鸟进笼，都要经过一番近乎生死的折腾。当然，有幸活下来的，自有了另一番心态。

没有问题的咨询

我想起了梁瑞，一个不知道要咨询什么的来询者。

梁瑞见面时的第一句话是："我是看了你的文章来的。"每当听到这句话，我就会有深深的自责：是我的文章写得不够清晰，没有把问题写明白，才使得文章不仅没有解决问题，反倒成了一种营销手段，非我本意啊：我才能做几个咨询？！

“咨询什么？我也不知道，你看着来吧。没什么太多期待。”我看了看对面这个30多岁、面相慈善的女士，确认不是来踢场子的，就放心了：一般这样的咨询客户心态极好，放松，反而更容易有收获。

没有期待是不可能的，但是期待要么不明确，要么不便表达。这也没关系，咨询师自有办法。

我和她聊起了工作，聊起了现在的生活状态，聊起了过去的专业，聊起了最感兴趣的事，聊起了未来的理想。

梁瑞学的是土木工程，这当初是她一个叔叔帮忙选的专业，因为那个叔叔在一家建筑公司做管理者，家族荫庇，就业不愁。于是，梁瑞就一路读下来了，而且还是个好学生。毕业后的工作果然是叔叔安排的，就在他新开的公司供职，做技术、做财务、做管理，十年时间里，梁瑞尝试了这个行业的各种工作，也成了叔叔公司里的顶梁柱。

在北京，她有房、有车、有孩子，梁瑞的美好生活在给她带来幸福感的同时，也带来了些许说不清的失落。未来的生活似乎一眼望得到头，也一眼望不到头。每天忙忙碌碌，周末也要加班，承担着大大小小的各种项目。

第一次咨询快要结束的时候，梁瑞告诉我，如果能平衡好生活就好了，现在这个职业似乎只是一种谋生的手段，怎么找到一个能满足自己兴趣的职业呢？哪怕是做成一个副业也好啊！

我给她留了一个作业：把现在的角色分配写出来，同时再做一个理想的角色分配。

发现纠结

我是希望通过角色分配看到梁瑞的理想状态，以及对现状的不满。**每个人都会有很多种生涯角色，中国人更是深深地活在角色中，以至于分不清自己最希望实现和满足哪一个角色了。**有些角色是自然形成的，我们无法选择，比如亲人之间的关系；有些角色是主动追求的，比如学习者、休闲者；还有些角色是为了满足某种需求，比如职业者。

一个成熟的人会自如地扮演着各种角色，并有意识地通过角色实现着自我的发展。被角色绑架的人，被各种角色要求着，在和自我的撕扯中焦虑而无奈。

做完角色分配的作业，梁瑞当晚就给我发来了邮件，邮件标题是：我有了新发现！这个新发现就是：职业角色应该砍掉一半。

面谈的时候，我听到了她的想法："工作占据了生活，工作内容没有新意，自己缺乏成长，工作环境也不够自由，自己迷茫于生活的意义。"这一次，梁瑞不再是没有期待了，而是有很强的期待。我试着把她的期待说了出来："似乎你是在追求一种自由的状态？"

"是的，我希望掌控自己的生活。但是，又不知道该如何掌控。"

"那么，纠结在哪里呢？"我知道，此时的梁瑞就像是在一口井底忽然看到了光亮，她一定有自己的策略。

梁瑞最先想到的，就是把工作的分量降下来，也就是那个"新"发现，她会把这一半时间留出来陪家人，还会拿出来自己学习。最重要的，她希望发展自己的朋友圈，让自己变得不再闭塞。

她只有一个纠结："怎么降低工作的分量？"其实，这个她也有想法：学会拒绝。

我和她一起制定拒绝的方案，中间的障碍主要是亲戚和领导的双重关系，这也是导致她的生活和工作不分的主要原因。梁瑞似乎是下了决心的，而且很有策略，她说："要提前对每件事进行难度评估，并要求资源支持，不再大包大揽，根据实际情况接受任务。而且一定要重视自己的时间资源，不再接受超过自己限度的事情了。"

学会拒绝，这是一个关键点，也是梁瑞最有感觉的部分。

我又做了些提醒：降低职业部分，同时也要保护"弱者"的角色，就是保护那些最容易压缩和取消的角色时间，优先排序。

梁瑞很有感触地说："是啊，说好了和孩子去游乐场，和老公看电影，陪妈妈去医院，这些事情都在一再的拖延中加深了自己的愧疚。当把这些认为重要的角色安排出来，自然就会有拒绝了。"

安心之下的突破

我知道，这是权宜之计，是临时的平衡，根本的解决方法一定是釜底抽薪。我试探着了解梁瑞对新可能的态度："从前面的咨询来看，你似乎厌倦了现在的工作，而且有能力谋求新职业。你有没有想过离开现在的职业环境？"

"这不可能，"梁瑞很坚决地说，"家族企业，不可能。"停了停，又补充了一句，"我没想过这样的问题。"

看来家族关系对梁瑞来说很重要。

我提出了另外一个方案：转变梁瑞在职业中的职业角色，从打工者角色转变为合伙人。我知道这样的转变意味着什么：合伙人比打工者有着更为直接的利益交换，也更为松散，会让人有更多的自由，也少了更多的羁绊。这是完全自由的一个折中，对复杂关系剥离的折中。

梁瑞接受了，而且看得出她很欣喜。

她说，现在公司业务中正有一个部分是别人做不来的，她愿意承包下来，并且和领导说明独立的关系。这样，她就只需为独立领域的业绩负责。

我提醒她，如果希望更自由，那就要抛弃一些可能的利益，比如基本薪水之类。**飞出笼子的鸟，如果还是停在主人的肩头等着喂食，那么这只是笼子大了些而已。**

这些都是些具体的策略，一切看似踏实落地，其实还不够。**人们需要为自己的愿景活着，那个愿景深藏心底，等待唤醒。**

我和她说起了如果能够自由一些，她会做些什么，说起了曾经做过什么最让自己开心的事情。梁瑞想助人，想做培训，想为别人服务，张罗、组织活动，遗憾的是，并未有太多职业方面的经历让她心潮澎湃过。她只是和很多小女生一样有过粉红色的梦想，去丽江开个旅馆，在家乡开个花店。然而，继续说下去，连她自己都不相信了。

一个人如果从未有过一个发自内心的强烈愿望，那只能是因为她未曾体验过。这需要尝试，也需要寻找。这就是突破。

一个忙忙碌碌的，被别人指挥的角色占据了自己大部分生命的人，一定会不适应突然自由的变化。虽然安排了平衡的节目，但只有“矫枉过正”了，才能逐渐弹回平衡。于是，我就又开始帮她安排更多关于“突破”的节目。

“当你真的可以以合伙人身份开展工作的时候，一定会有更多的自由时间。如果没有自己希望追求的事情，慢慢地你又会给自由填充更多的事情，让自己忙起来。你是有自己希望追求的事情的，那就是理想的自由状态，发挥自己的天赋，做自己喜欢的事情。这个事情现在还不存在，需要你找，寻找本身就是实现的一部分。这就是突破，但是我们要实现安心之下的突破。”

安心之下的突破，就是问自己两方面的问题：一方面，为什么不安心？做些什么能让自己安心？注意，仅止于安心，多一分都不要做；另一方面，为探索突破制订计划。会给自己留出什么资源？时间、精力、资金，在哪些目标上进行探索？

“这样看来，未来，也真有可能离开这个企业了。”梁瑞似有所思。

我看了看桌上的计划，心想，这下有的忙了。

人甘愿和自己不喜欢的事物待在一起，有时候并不是悦纳，而只是对无力离开的接纳。我不喜欢接纳，其中有一种无奈，这样的无奈是对生命的亵渎。如果有追求，那就让自己有力量去追吧！

想自由，
就要有所舍弃。
飞出笼的鸟，
如果还是停在主人的肩头等着喂食，
那只是笼子大了些而已。

转弯看见

有一种不自由是被关系束缚，特别是多种关系复杂地纠缠在一起，对一个人的关系处理能力会是一种高难度的挑战。感到束缚的时候，不妨逐一分析关系和关系中自己的角色，然后按照自己的期待，主动做出调整和改变。一个系统的调整，往往就是由主动的个体发起的。

愿景让天赋自由

人们期待天赋，却又不信任天赋。一边想，我辈只是凡夫俗子，泯然众人而已，同时，却又特别期待能有一个“算命先生”般的神人，算出自己未知的某种天赋。殊不知，这种对天赋的误解，只能让自己远离天赋。

天赋就是上天赋予的，本不需要和什么人比较，只是一些真实的存在罢了。**天赋不是处囊之锥，而是通过一个愿景来成就的，就像是一束光透过墙的缝隙照进了黑暗一样，有了光，周围都亮了。**光，就是愿景，那个可以发挥天赋实现自我的目标。

既非高尚，又必须高尚

我经常遇到来咨询的人，并不是职业发展遇到了什么困难，而是出现了倦怠。张山就是其中一位，30岁出头，在IT行业工作，职业发展不错，任职一个部门的总监，对技术领域已经是轻车熟路。

和所有做技术的人一样，他可以继续做技术，做到大牛，甚至通过跨公司的方式建立自己在业内的知名度；他还可以从技术转做管理，现在虽然做部门总监，但主要的工作还是以业务为主，如果下一步希望向管理层发展，就会争取调整自己的工作，提升自己的管理能力，这在目前的公司里也有发展的可能。

技术线，还是管理线？如果只是这两项之间的选择，估计他也不会来做咨询了。张山找我的期待是：想做一些自己感觉特别有意义、有激情的事情，但是具体是什么，还不知道。有没有新的可能？

这个可能，就是愿景了。

在张山看来，技术或是管理，都与愿景无关，只是目前发展的继续罢了。**愿景有一个最大的特点：不以资源为导向。愿景不会在意现在的资源是否充足，更多的是在意是不是自己想要的。**

愿景要能够运用天赋，而且还能够满足自我实现的价值。这里面有个很有意思的悖论：自我实现既非高尚，又必须高尚。说到愿景，很多人就会想到做公益、做慈善、做改变世界的事情，或者干脆回到自我，做让自己自由的事情。很多时候，这些都不是愿景，而是被社会挤压出来的目标，是一个“不高尚不成愿景”的诅咒。

但同时为什么又必须“高尚”呢？这是因为在生存满足了，发展实现了，精神自由了之后，就需要追求一些让自我这个生命个体发挥更大价值的可能。这个价值，一定是与更大的群体、更永恒的时间相关的话题，从这一点来看，愿景又是高尚的。

自由唤醒愿景

说到愿景规划，其实包括两步：第一步是愿景构建；第二步是愿景

实现。愿景构建靠自由，愿景实现靠资源，一放一收，相得益彰。

先说愿景构建，我们每个人内心都有一个自己的期待，这个期待或是美好的，或是怦然心动的，或是不做不行的。有人可能觉得正是因为没有这样的感觉才会迷茫，才会觉得满腹才华、满脑子想法而无处发挥。那是因为我们活得过于匆忙，而没有听到内心的声音。

愿景的构建之所以困难，主要原因就在于多数人生活在一种并不自由的状态，有恐惧、有限制、有束缚，以至于我们忽略了那些曾经让我们兴奋的事情，以至于我们不敢直视自己的天赋，以至于我们被种种噪声吵得迷失了自我。构建愿景的方法很多，主要是通过摆脱束缚，以更加自由的方式唤醒一个人内在的渴望。听一位老师讲叙事趋向的咨询技术时，问过学员一个问题：告诉我，你狂野而宝贵的一生，准备拿来做什么？这其实就是一种很好的愿景构建的方式。

我在给张山做咨询的时候，首先帮他看到，原来他自己总是把眼光放在自己有什么资源上，比如，我有什么技术，我有什么人脉，我还能做些什么。这时候，不仅会被资源限制，还会迷失于物质回报和地位提升。对他来说，没什么新鲜的可能，自己的状态也不够兴奋。

我和张山一起，好奇地探索他过去的经历，希望发现他的天赋，发现属于他自己的愿景。我听到了一个这样的故事：

张山带团队有几年时间了，和下属的关系特别好，他不仅能够和员工共进退，同加班，而且能给出员工真正的技术支持。有一次开项目庆功会，有个下属敬酒，感慨地说，项目实施期间，张山毫无保留地全程陪伴、共同攻关、寻找资源，没有他，技术难题是不可能克服的。有人说这是领导力，但他从不觉得是要领导别人，而是内心自发地希望看到别人的成长。

我看到了，支持他人，助人成长，这既是他的天赋，又是他可以构建的愿景。

咨询在推进，我在张山的经历中，看到了更多这样的事情。于是，我问他："你的生涯发展中蕴藏着一条'助人成长'的主线，不知道你是怎么看的？"这个问题一下唤醒了让他怦然心动的愿景："嗯嗯！"他有点兴奋了，"我希望成为一名技术培训师，未来有机会能够办一所学校，影响和帮助更多人就业，特别是穷困地区的孩子们。"同时，他也说出了自己之前的犹豫：之前总觉得这样的事情要到退休才会做，与主流发展似乎不一致。我鼓励他说："不妨试试看。"

这就是愿景，深藏内心，像小火苗一样，一旦被激发，就会按捺不住。和之前的路径选择不同的是，愿景中蕴藏了自我实现。

所有资源为愿景而来

愿景不止于构建，还有很重要的一部分就是愿景实现。**如果说构建愿景本身一定不要考虑资源导向的话，那么实现愿景，就一定离不开资源整合了**。也就是我们常说的"**理想有多高远，手段就要有多现实**"。一旦愿景出现，就需要把资源梳理出来，为愿景所用。追求愿景的人不缺资源，只需要整合与梳理。

梳理资源，有三层考虑：直接资源、链接资源、发展资源。直接资源是大家都看得到的，显而易见，直接资源最容易拿来使用。我和张山一起分析，既然希望助人，那么自己的IT技术和之前的管理经验就可以直接作为资源，还有他对互联网的认识与理解，周围的人脉，这些都是直接的资源。

第二层是链接资源，看到所有资源之间的链接，也就是隐形资源的显性化。我给张山咨询的时候发现，他在带团队的时候和下属的沟通比较顺畅，进而发现这种沟通源于他的表达能力比较强，总能以对方易于接受的方式传递出自己的要求，特别是在比喻上，能够用最平实的语言解释复杂的技术问题，即便是刚入行的人都能听得懂。于是，这样的资源就可以和培训助人结合在一起了。

第三层是发展资源，也就是现在尚不具备，但是愿景需要发展出来的资源。有人会奇怪，尚不具备的怎么也是资源呢？那是因为有愿景，**愿景之所以称之为愿景，就是因为“看得到，达不到，心向往之”**，达不到的这个空隙需要发展出来新的资源支持。张山就发现，自己需要有相关的技术认证，需要了解教育培训行业，需要通过讲课历练，需要做未来创业的准备，需要……当愿景出现的时候，这些准备就变得清晰起来了。

在愿景面前，每个人都是资源利用和整合的高手。每个人最大的资源就是自己，愿景就像一束光，照亮了一个人，让天赋自由了。

看到这个愿景之后，张山变得兴奋了，他知道如何将现在的工作做得更加开心和有声有色了：他会在平时工作的时候更多地和新员工分享技术，会更多地带领团队攻坚，而且写技术文档，总结经验。他会把这些经验梳理出来，理论化、系统化，同时利用互联网分享出去。他还会寻找一些有价值的公益项目，或者找到资金自己成立项目，定点支持贫困学生就业，他都想好了要和团队成员说的话：“到时候，你们可都得做我的业余老师啊！”。

有时候，愿景就是这么奇妙，没有准备好的时候，它永远不会出现，

以愿景之名追寻的只是那个狂躁不安的内心，稍有不慎就会陷入自己挖好的美丽陷阱。而一旦你靠双脚和臂膀走出丛林，走过沙漠，涉过河溪，准备了一身力量与平和心境的时候，忽然抬头，天际竟会出现一道绚丽的彩虹，它不仅美，重要的是扣印了你的内心。

这时候，远方就不再是远方，它是迈开腿的向往。

摆脱束缚和恐惧，

自由的期待唤醒一个人内在的天赋，

愿景就出现了。

转弯看见

天赋是上天的恩赐：有我们习以为常的部分，比如我们身上可以工作的各个器官；也有自然超出常人的部分，比如我们看到的“天才”；更多的是需要我们在经历中通过不断练习逐渐磨出光彩的部分。天赋已经够用，尽量发挥出来，不要再要求更多了。

不拿别人的梦想装点自己的人生

梦想是需要探索的，探索也需要准备。浑浑噩噩中，猛地被揪起来，冷不丁问出的梦想，多数是别人的。

拿别人的梦想装点自己的人生，并非有意为之，只是无力发现。别人的梦想太响了，响得听不到自己心里的声音。

安逸也不开心

一个夏日的午后，窗外是一阵阵聒噪的蝉鸣。

茶馆音响里传出悠扬低回的古筝乐曲，洋洋洒洒地飘荡在房间的每个角落，和茶的味道弥散在空气里，沁人心脾。波斯猫慵懒地趴在窗台上打着哈欠，客人并不多，三三两两地，窃窃私语，似乎也在维护着这份雅致。

“赵昂老师，您好！”一个身穿中式旗袍的女士出现在面前。我起身，微笑着问：“您是冯女士吧？”“我是冯莹。”暗号对上了，这是我的咨询客户。

简单的对话，我感觉到了对面这个来询者的优雅和从容。

冯女士，30岁出头的年纪，出了校门一直在外企做人力资源。从招聘做到培训，后来又在人力资源经理的位置上做了几年。职业的发展顺风顺水，家庭生活平衡得也不错。30岁之前，冯莹就完成了结婚生子的事情，现在孩子不到3岁，有自己妈妈帮忙带着，年后就准备去幼儿园了。

在别人羡慕的眼光里，冯莹却有自己的烦恼：职业能力虽有提升空间，但是职位提升已经很难了。一般业务比较熟悉，每天都在重复，找不到让自己兴奋的地方，甚至还会感到厌倦，特别是对各种人际关系的应付。

做点什么事情能让自己开心呢？冯莹开始在业余时间寻找各种放松的可能了：国内外旅游，朋友聚会，学习舞蹈，学习糕点烘焙，学习形象设计，学习积极心理学。

玩着玩着，忽然有点失落了，冯莹说，“好像忽然失重了一样，每天似乎都很快乐，每天又似乎没着没落。”

这是她来咨询的原因：如何让生活变得充实？

冯莹还有些不好意思地说：“赵昂老师，我不是来捣乱的啊，我是真的想咨询这个问题。虽然这和我目前的职业似乎没有直接的关系，但是我觉得这也是属于生涯的问题吧？”她撇了撇嘴，“我可不想提前进入退休节奏。”

我点了点头说：“这当然是可以咨询的生涯问题了。职业发展、自我成长、人际关系、生涯平衡、愿景探索，这些都是生涯咨询可以解决的问题。**生涯是一种对生命有意识的安排，咨询就是助人生涯更加充实、有趣、有意义。**”

不充实的生活开心不起来

“你有什么考虑呢？”我想，**每个人对自己的生活一定有安排，有安排达不到才会有纠结。**

“我有一些发展的可能性。”冯莹先看到的是资源：近十年的人力资源工作经验，职场上广泛的人脉关系，灵活的时间，积累的资金。

她有这么两个想法：1. 希望找到一种方式帮助大学生，比如利用自己的HR背景和培训经验给大学生做讲座；2. 凭着自己丰富的培训经验和研发课程的能力，给企业员工做内训。这两种方式的主要区别似乎在于服务的对象不同，收益不同，方式不同。但不管哪种，似乎都不很明确。

我问冯女士自己怎么看。她说：“还有一个让自己不能深入考虑工作方式的原因：自己的先生。先生不支持她太折腾，希望她多照顾家庭，职业嘛，现在的状态就很好：没压力，投入产出比不错，按部就班来。”

“他的意见很重要。”冯女士强调了一下，“所以，我在想要不要先照顾家庭，然后找点好玩的事。”

“好玩的事”，冯莹其实尝试了不少，但这些事情虽然好玩，只是限于兴趣，没有持续的激励和产出，也没有固定的圈子，玩一玩，也就厌倦了。

“你尝试了一些好玩的事情，有什么特别想做的吗？”我一直在找那个让冯莹兴奋的事情，由心而发的。

冯莹说：“我有时候想，可不可以开家咖啡馆或者茶馆？”她的初衷很简单：自己喜欢交友和聚会，与其出去租场地，不如自己开一个好了。“这里的环境就蛮好的”，冯莹指着这家茶馆说。

开咖啡馆，这似乎成了很多人的一种童话愿望。

一些选项，未加思索就塞给了我们，环球旅行，面朝大海，后海的一方小院，还有，开一家咖啡馆。**如此霸道而悄无声息地塞给我们的，只是别人的羡慕而不可得，恰好又可以填充我们内心空虚的部分。只是，这真的是你想要吗？**

真正想要的价值

“这些选项似乎你感觉都不错，那么我们分析分析看，或许，我们会有新发现。”洗尽铅华，去除云翳，这是咨询师要做的事情。

我们开始逐项分析。

给大学生做培训，或者做职业规划，冯女士的期待是把之前的能力和资源积累运用出来，不要脱离职场，不一味依赖先生，让自己的生活有更大的自主性。资源、自主、成就感，是关键词。

在企业给员工做培训，也有类似的期待。同时，冯女士还可以开发一些自己喜欢的课程，一边自己学习，一边做成主业。这个选项的关键词是：资源、独立、成长、成就感。

开一家咖啡馆却是满足了自己社交、自主、智慧交友的需要。

冯莹忽然发现了这些选项之间的关系：竟然没有一个是她真正想要的！到处是她先生的影子，不是为了摆脱对先生的依赖，就是为了满足先生的期待。只有咖啡馆还不错。

“真的不错吗？你对理想的咖啡馆的期待是什么？”

冯莹开始畅想：“我可以拥有一家自己的咖啡馆，按照我自己的设计进行装修，有着恬静闲适的风格，我可以在这里读书、写写文字，可以组织聚会，可以和别人分享我的经验，也可以听到更多人的智慧。”

我好奇地问出了一个问题："这样的话，拥有一家咖啡馆和消费一家咖啡馆的区别是什么？"

聪明的冯女士像是被棒喝在当地，忽然就跳出来了：对咖啡馆的向往只是一种生活方式，或许，我不需要开一家咖啡馆，找一家喜欢的咖啡馆作为据点就好了。是的，**拥有往往是一种比较昂贵的方式，当我们费尽心力去填充一个内心空洞的时候，有没有发现填错了东西？欲望总也填不满，有价值的事情却会让人越做越开心。**

那么，什么才是对冯莹有价值的事情呢？

冯莹似乎更加明白，也似乎更加困惑了。

我把之前的选项放在一边问："有没有这样一种方式，能够满足你对智慧、自主和社交关系的要求的？"

"还有美感，我希望我的生活中充满美好的事物。"冯女士补充道。

我摊开一张白纸，在一边写下了：智慧、自主、社交关系、美感；在另一边写下了：人力资源、职业规划、形象设计、人脉、培训。请冯莹为两边连线。

她此时所做的，是对自己资源的整合，是对自己内心价值的澄清，也是将资源和自己的价值连接的过程。

重新出发

我没有说话，冯莹在连完线之后，就开始在白纸的下方写选项了：高端客户的形象顾问、培训师（形象设计、职场人际关系处理……）

"做高端客户的形象顾问或许是不错的选择了。"她若有所思。"形象设计、人际关系处理，这些内容我有经验，特别希望认真开发开发，分享出去！”冯莹找到了让自己兴奋的内容，这是让她的生涯充实起来的方式。

像是想到了什么，冯莹赶紧在白纸上写写画画，过了一会儿，抬起头来说出自己的计划：

“我会从这里开始，梳理之前的人脉，组建一个职场公益团，链接高校资源，进学校进行公益讲座。我主要负责职场新人的形象设计和职场适应的讲座，我会定期组织公益团的人进行活动，举办沙龙和聚会。

“我相信在这个圈子里一定会有我想不到的机会：企业的员工培训，高端客户的形象设计，都是我希望重点开发的领域。

“我可能会入股一家咖啡馆，有一块专属区域，作为我们的活动据点。但是不会涉入任何运营的事情。”

冯莹一口气说了好多。

我只问她：“这些想法和你最初的想法有什么区别？”

“清晰了，落地了，我似乎找到我想要的了。”冯莹的眼神里满是坚定。

看到价值，才会内心笃定，去除诱惑，排除干扰。开始制订计划的时候，就是让所有这些探索之后的想法落地的时候。**在自己的内心和目标之间，或许障碍是困难，或许障碍是诱惑**。障碍去除了，可能性也就出现了。

“在你的这些计划实现之后，如果有一个你认为理想的场景出现，那会是什么？”

“嗯。”冯莹想了想，并没有急于表达，而是在白纸的一角画起了简笔画。我看到了这样一个画面：圆桌周围聚满了人，有一个分享者在台上讲着什么，大家一边听，一边讨论。我想，这就是她所期待的一个画面吧。

如何征得先生的支持？我最后问了一个问题。

“他不是问题了，”冯莹有点调皮地笑了，“我做得开心，他自然也会开心，雇个小时工，家务就解决了。我想，我一定会有更好的心情享受假日旅游的！”

我端起了茶杯，陷入了对愿景和目标的思考：什么才是我们真正的目标？梦想在生活里、在尝试中、在过去的轨迹里，需要我们认真听听自己内心的声音。总有一件事，是我们特别想做的，想起来就会兴奋，会激动得睡不着觉的。那么，就从这里开始吧！如果没有，那只能说明我们尝试得还不够，用心还不够，这时候，切记：不要把别人的梦想拿来装点自己的人生。

为了不让自己空虚或者陷入无目标的焦虑，我们会抓过来一个看似美好的想法作为梦想，让自己为之奋斗。我们骗不了自己，会累、会烦、会厌倦、会纠结，此时，不妨停下来看看，你要去往哪里。

可以用别人的梦想装点自己的人生，
却无法以此填充内心的空虚。

转弯看见

这个世界有三种人：有自己梦想的，没有梦想的，把别人的梦想当作自己的。有梦想的，有坚守梦想的勇气和智慧，过得充实而幸福；没梦想的，敢于接纳自己的平凡，安逸而踏实；怀揣别人梦想的，辛苦地努力，辛苦地炫耀，默默地孤独。有梦想很了不起，没有梦想也不丢人。